JN439724

詩와 고독을 달고
떠나는 여행
觀我

김 의 천

동행

작가의 말

나의 살아온, 나름대로의 인간됨으로 켜켜이 쌓아온 시간의 흐름을 깔고 앉아 버티었습니다. 자꾸만 구부러지려는 인생의 굴곡진 길을 빠듯하게 지탱해온 것은 이 또한 세상에 순응하는 한 사람이었지요.

그리하여 나는 언제부턴가 온몸에 빼곡하니 적힌 아픔의 철자를 하나씩 옮겨 적었습니다. 마지막 문장에 마침표를 찍은 후로 어느덧 이만큼의 시간이 내 피부 위로 슬쩍 내려앉았다 지나갔습니다.

나를 적시던 수분을 세월에게 좀 더 내어주고 허덕이는 갈증에 또 다른 목마름이 생겼습니다. 아픔을 뱉어내고 새로운 수분을 채우기 위해 고독을 달고 여행을 떠납니다.

이제껏 내가 이 땅에 묵묵히 새겨온 발자국들을 끄집어 내고픈 충동. 세상에 태어남을 허락 받은 후로 내 이토록 치열하게 살아왔노라고 외치며 때로는 열정으로 뜨거운 나의 발자국들을 모조리 드러내고픈 충동 말입니다. 그것은 누구도 알지 못한 사이 옹골차게 쌓여왔던 '나'를 토해 내고픈 열망이었습니다.

그리고 동시에 그러한 충동보다 더한 해일이 정신을 뒤덮었습니다. 토해 내고 싶은 '나'를 만들어 준 내 사람들에 대한 감사였습니다. 정신없이 내딛던 발자국 위로 달리며 이만큼의 삶을 삼키는 동안 나는 피곤한 목덜미를 주무르며 쉴 줄 알게 되었습니다.

그리고 문득 뒤를 돌아보고 나는 깨달았습니다. 나의 몸을 동아줄로 꽁꽁 묶어 놓았던 세월의 상흔이 어느덧 시간의 흐름 속에 그마저도 삭아 풀려 나가니, 내 곁으로 하나 둘 다가와 내 걸음을 감싸주던 또 다른 발자국들.

내 발자국은 이 먼 길을 혼자 나아오지 않았습니다.

내 발자국은 외롭지 않았습니다.

그래서 나는 올곧게 걸어온 나의 걸음, 내 발자국과 내 발자국을 외롭지 않도록 감싸준 또 다른 발자국들을 위해 시를 썼습니다. 알몸으로 몸을 비워두는 절망을 배워야 한다는 것을 그땐 몰랐습니다.

날카롭게 지나온 세월의 모퉁이마다 서로 부대끼며 견디어온 나와, 어둠이 내려와도 하염없이 나를 감싸 안아줄 수많은 사람들에게 이 책을 바칩니다.

Contents

제1부 인생을 싣고 간 바람

제2부 시를 쓰는 밤

Contents

Contents

제4부 길고 먼 여정

제5부 시는 얼마나 가난한 언어인가

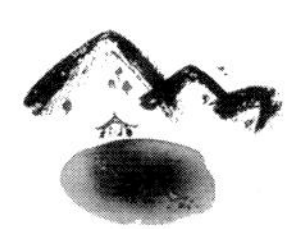

Contents

제6부 내 삶의 모든 순간마다

Contents

제1부

인생을 싣고 간 바람

바람이여
빛바랜 낙엽에 걸려
가슴을 쥐어뜯으며
어찌 그리 괴로워하는가

샛강을 거슬러 올 때
능선을 넘어올 때
기운찬 목소리는 어디에 두고
이리도 약한 모습을 보이는가

빛바랜 의자

나날이 무게를 더하는 삶을 내려놓고 싶을 때
낙엽 빛 의자가 찾아와 노크를 했다
보낸 이도 받은 이도 애매한 시점에서 주위를 둘러보면
하늬바람에 삶의 끈을 놓친 낙엽이
서럽게 나빌다가 나의 창을 두드린다
눈 깜빡일 새 지나가 버린 망설임의 순간들
기어이 그는
나의 손님이 되어 여러 해를 같이 했다
어쩌면 우리는 그리도 닮은 걸까
나의 머리카락이 빛을 잃을 때
그와 나의 무게로 짓눌린 바닥이 해지고
당신의 포옹이 생채기로 남아
이제는 우리가 현실을 봐야 하는 시간
마침내 이별을 결심하게 한다
모서리에 새겨진 묘비명의 흔적
모월(某月) 모시(某時) 나의 가족이 되다
애달픈 사연 끝내 버리지 못하고
오늘도 저 한편엔
빛바랜 역사를 앉히고 있다

산책

걷다 보면 세월이 보인다

걷다 보면 한숨이 보인다

걷다 보면 눈물이 보인다

그래도 삶의 되새김이 있어 좋고

내가 가는 길에 내가 있고

내 길이 있었기에 미래로 갈 수 있기 때문이다

오늘도 걷는 내 길은

사랑의 그리움이 있어 즐겁다

가을비 비망록

파아란 그리움이 산등성이를 돌아
하소연이 되었다

무슨 슬픔 그리 많아
풀잎마다 알알이 맺힌 눈물이
따스함을 찾지 못하고
바람에 흔들리는 걸까

사랑의 오류일까
내 삶의 오류일까
묵묵히 둘러보니 어디선가 무너지는 소리

가슴은 서서히 멍들고
한숨은 드러누워 파닥이는데
진정 나의 비망록은
한 줄도 늘이지 못하고
이렇게 사위어만 가는구나

정령 나의 이야기는 없는 걸까
답답함에 하늘을 보면
소리 없이 내려앉은
눈물 눈물들……

하루의 여심(女心)

서러운 함성들이
하늘에 올라 빛이 되었다

내 마음에 찌든
고통의 울부짖음이
이제는 붉고 푸른
황금빛으로 타올라
이제는 무색하기만 한데
답답한 마음은
갈피를 잡지 못하는구나

애타는 마음에
모든 것이 하얗게 퇴색되면
듬성듬성 뚫린
하얀 모시 옷 걸친 채
바람의 등을 타고 온
또 다른 함성이
줄지어 코러스를 연출한다

밤새도록
먼지 묻은 이마를 매만지며
훌훌 털어버린
하루의 여심(女心)

화롯불

열정을 운운하기에는 이가 시리고
박력을 내세우기에는 몸이 상하고

그저 그렇게 전설처럼 굳어져 살아온
삶의 도량이 이다지도 궁색이었을까

서투른 젓가락질로 속살을 후비면
아직도 버리지 못한 변명 한 사발

처연히 쓰러질 때까지
무쇠탈은 화초장에 숨어
덜 익은 잠에 잠꼬대를 한다

이제는 헤어짐을 알아야 하고
이제는 미움이 아니었음에도
품어야 한다

속살까지 환히 보이고
그 속살이 바람 속을 뚫고 간들 어떠하리

활활 타는 화롯불 속에
춤을 추며 시소놀이하듯

앉다 서다 반복이며
파헤친 구석구석 남아 있는 그 속을 보니

떠남이 만남이요
만남이 떠남이요
그저 그것뿐인데

불꽃 속에 육신을 사루고
빨간 불빛 속으로
여운을 남겨 이별의 점을 찍는다

자기의 자리

문득 잠을 깨고
시계의 초침이 귀에 닿을 때
내 마음에 스멀스멀 파고드는 조임이
허무임을 안다

삶의 일기(日記)가
또 다른 돌파구를 찾지 못하고
자리에 매암 도는 꼴이라 할지언정
무슨 변명이 필요하리오만
그래도 나의 애달픈 시도는
내가 가진 또 다른 모습일까

새벽 문을 여는데
찬 서리 맞은 동산에 올라 빛을 찾으니
아마도 제자리가 아니었는지
일출의 변명이 어설프구나

주저하지 않고
기왕 내친걸음 엉키지나 않게
자박자박 내 길로 걸어간다

가로등

고독의 푯대에 우뚝 앉아
상념의 눈을 치켜 뜨고
내려보심은
저의 마음을 읽기 때문인지요
내 한때 어둠이 싫어
그대를 그리워하기도 했지만

노골적인 관심은
속살을 드러내는 것 같아
감추고만 싶은데
한 번쯤 눈가림으로
넘어가 주시면 안 될까요

물론 나의 잘못을
못본 척 해달라는 것은 아니고
그래도 그리워하는 것이
당신을 진정으로 사랑하는 것 같아섭니다

빛이 존재하는 건
적당한 어둠이 존재하기 때문이라면서요

어둠처럼 깊게 그리워해야
우리의 사랑도
빛처럼 영원할 것 같아서요

무제(無題)

아무 말도 하지 않겠습니다

결단코 아무 말도 하지 않겠습니다

그래도

그래도

꼭 이 말만은 하겠습니다

비할 데 없이 아름다운

당신의 모든 것을

사랑합니다

밤에 젖은 강

흐름으로써
상념을 털어버린
그 넓은 얼굴 위에
고독은 세월의 검붉은 멍으로 채색되고
눈물 삼킨 은둔의 시간도
잡다한 변명으로 젖어들고
숨 쉬는 생명들은
사죄의 투신이 도장하는데
그토록 꿈꿔왔던 불꽃놀이도
가장자리로 밀려서
가난의 불티가 되어
희멀건 두 눈만 껌뻑일 뿐이다
어여
어여
날이 밝아 여명의 허무를 찍지만
더러운 거울 속을 닦아 내리듯
나의 마음을 닦아 보지만
그렇게도
그렇게도
맑아지지가 않는구나

선술집에서

해거름에 빗장을 걸고
나의 성찰을 위한 마음에
손마디를 꺾으면
어느새 불거지는 어긋남의 순간들

한 잔의 추억으로
삭혀지고 지워지는 건 아니지만
성수 같은 술 한 잔을 청하는 것도
윙윙거리는 하루살이의 시위도
의미가 없고

바람처럼 가벼운
나의 하루는
또 그렇게
계산이 아니 되는구나

시간의 공간

햇살이 노니는 길목에서
그렇게 지나온 자리를 되새김질한다

천연덕스럽게 낮잠 자는 구름을 헤고
찢어지는 아가리 한숨을 쉰다
오늘도 부질없는 짓이었구나

어제처럼 골을 후비는 사색에
슬그머니 돋아나는
무명초의 눈물

굵적이는 변명도
방향을 잃고
꾸짖는 현실 속에

끝내 스치는 인연도
무덤덤한 바람이 되었고
독촉하는 현실의
내 그림자도

또 다시 뒤를 돌아보면
나처럼 갈 곳 모를 바람도
그렇게 졸고만 있구나

샐녘을 건너며

팔각정 중심에 앉아 세상을 본다
고요 하나
고요 둘
낮과 밤이 잠든 세상 위로
적막이 내린다

사방을 둘러보아도
고독의 티끌만이 반짝인다

언제나 그렇듯이
그 자리에 그렇게 누워서
멀거니 무정한 세상을 본다
빛은 어디서 오는 걸까
시간은 어디로부터 줄달음하는 걸까

또 다시 사방을 둘러보아도
어둠은 여전히 자락을 펼치고
유유히 멸시한다

꺼져가는 빛을 헤아려 본다
아침의 기억을 더듬어 본다
펼쳐진 세상을 바라본다

사실과 거짓이 오가는
부질없는 시간들이
'있었다'와 '있었을까'의
헷갈림 속에
또 다른 현실에 갈등한다

새벽을 책임지는
장닭의 증언이
어둠의 장막을 후려치는
박력이 그립다

속죄의 시간

참 마음만 담으려
정화수에 몸을 씻고
고요에 감긴 몸으로 뒤척이는데
얄팍한 초승달은 얄궂은 비웃음만 날리고

그네들은 어렵지 않게 거머쥐는 기쁨도
인색하게 구심은 무슨 심보일까

내 이름 석 자도
이제는 귀찮아

치매 걸린 충동에
흔들리고 흔들려 새하얗게 지우고

원망도 소용없는 이 기막힌 현실에서
손에 쥔 기쁨마저 내려놓고
어떻게 내 마음을 동여맬까

마지못해 그대를 보니
알 수 없는 미소만 짓는구나

해후(邂逅)

내 그토록 간절히 그대를 보고자 함은
삼백예순 날 삭히지 못한 미련을
정리하고자 하였음인데
마주치지 못한 엇갈림뿐

그대가 다니는 거리에서 기다려도
다른 이들의 영혼만 스쳐 지나고
그대의 창가에 까치발 딛고 서서 두드려도
당신은 얄궂은 사랑의 줄로 묶어
막을 드리웠으니

찬 서러움에 마음이 얼어
추억마저 깨져버려 내 이제 잊으려 하는데

당신 앞에 내가 있고
내 앞에 당신 있으니
이제 우리는 이것으로 된 것인가요

애타게 벼루어 왔던
단 한마디 말도 만들 수 없나니

차라리 영글지 않은 가슴 속에 살포시
묻어둘 걸 그랬나 보이…

소 외

그들이 나를 안다고 할 때
나는 고개를 흔들었다
그들을 모르는 건 아니지만
그건 단지 그렇게 하고 싶었을 뿐

그들이 또다시 입질을 했을 때
나는 슬그머니 자리를 벗어났다
그들이 손짓을 했을 때
나는 다른 곳을 보았고

머릿속 지우개 없이
그들의 모습은 지워지고
그네들은 속 떨림 속에 지워져 갔다

수시로 쪼여드는 자책에
나는 오늘도 비틀거리고

아침 햇살에 풀잎을 떠나는 이슬처럼
말라 버리면
아니 어쩜
가슴 속의 뜨거운 불길을 살리고 싶어하는지

젠장
이 보잘 것 없는
반복되는 번민들이
검은 재투성이로 되었을 텐데
아직도 나의 등급을 매기지 못함을 어찌할까

주위에는 무심한 군중에 짓밟힌 낙엽이
나를 닮아 신음할 뿐이구나

여운

환한 미소들이 웃음을 지어내
자지러지는 여운이 생겼다

간간히 술렁대는 헛기침에
끝내 목청을 벗어나지 못하고
변명처럼 끈적일 뿐이다

뱉어져야 하는데
바닥에 흩어져야 하는데
길고 긴 망설임 끝에 되돌면
시간이 삭아간다

저기 저 산머리에 똬리는
벌거벗은 노을은
무얼 말하려 하는지

콜록거리는 햇살을 밀어내면
빗살무늬 그림자가
산허리를 휘감아
아직은 사그라지지 않음을 안다

못다 핀 꽃 한 송이

잿빛 하늘에 잠긴 오후
늦추위 매섭고
엉겅퀴 가시를 풀숲에 누이고
풀섶 딛는 바람에 눈을 열고 보니

철 잃은 장미 한 송이
열고 오는 여름은 간 데도 없고
새 눈을 뜨는 늦가을
불쑥 드리운 한 송이 꽃

속속이 파고드는 냉기는
나의 여윈 입술을 얼리고
파닥이는 바람은 나의 팔을 꺾으니
처참한 현실이 진정한 삶이란 말인가

살아 있음에도 죽느니만 못하고
찬란했을 법한 자태도
추레한 것보다 못하고
사랑의 향기도 끝내는

가시 돋친
누더기 꽃잎 한 장으로
비어 버린 겨울을
맞이하는구나

그 시절

이루지 못한 것들이
한숨 속에 가라앉더니
구멍이 헐겁게 뚫린 뇌리에서
사무친 기억들이 돌고 돌아
배고픈 보릿고개

고만 고만한 그 시절을 토해내
물어뜯기에는 이가 서지 못하고
베어 버리기에는 날이 서지 못하니
뭉개 버리기에는 텃밭이 너무 작아

이것이 나의 한계인가 싶어
시공간 구멍 다리라 치면
어쩌면 유년의 몸부림인지
어쩌면 철들 무렵의 막장인지

기다림의 염전 속에 기별을 주듯
느긋해진 물 마음 길 열어
온전히 풀린 이 한 몸
살도 뼈도 녹아내리던 그 시절

아무래도 사마귀 전설에 맡겨야 하나보다

주의 펼친 바닥 아래
조용히 읊조리며
새 생명 받은 성령에 귀 기울여
은혜의 숨결로
삶의 꽃으로 피어나리

행상 할머니

모퉁이에 걸친 바람이
농을 서슴지 않는 지점에
가로등은 갓을 잃은 채 졸고
뼈마디 흔들리며 깎아지른 하늘 아래
주름진 할머니는 연신 하품을 품는다

한 세상 살아온 길이 고행이던지
구만리 창천에 미련 두고
시간이 멈춘다고 하듯 이리저리…

청춘을 잃어버려 누렇게 뜬 사과
저들에게 외면당해 곪아 터진 토마토
할머니 닮은 검버섯 핀 바나나
주름의 무게를 못 이겨 일그러진 홍시
주인을 기다려도
어제도 오늘도 하나의 입김도 만나지 못해
또 하루를 그리 녹아만 가고

땅을 버리고 떠나는 이웃
어쩌다 드문드문 남은 사람들
당신은 여전히 해 저문
추운 날씨를 한 몸에 끌어안고
종종걸음 치는 참새처럼 하루의 문을 닫는다

인생을 싣고 간 바람

바람이여
빛바랜 낙엽에 걸려
가슴을 쥐어뜯으며
어찌 그리 괴로워하는가

샛강을 거슬러 올 때
능선을 넘어올 때
기운찬 목소리는 어디에 두고
이리도 약한 모습을 보이는가

내 일찍이 너를 볼 때
너의 기상이 탐이나
친구가 되려 했거늘

어찌하여 힘을 잃고 버둥대는가
길 잃은 소년의 통곡을 들었는가
젖 뗀 연약한 아기의 울음소리를 들었는가

내 여기서 그대를 보니
내가 그대가 되고
그대가 내가 되어
마음의 싹튼 눈 하나로
우리는 천생
인생 쌍둥이가 아닌가 싶으이

추억의 빨간 우체통

노을이 비껴 앉은 자리에
그리움이 파수꾼이 되어
사랑을 기다린다

빠알간 립스틱으로
곱게 치장하고
다소곳이 입을 열고

혼자여도 혼자가 아닌
당신의 손길이 와 닿기를
기다리고 기다린다

입을 막고 목줄을 졸라매도
새하얀 당신의 마음을 접하면
수축되지 않은 아픔을 잊고
당신의 입김을 실어 주소서

무죄의 죄수로 가두어 두지 말고
천 길의 사색을 원하는 이에게
천 길의 사연을 전해 주시면
기나긴 시간 잠재울 저는
그 모습 그대로 당신이 되겠습니다

동치미 항아리

어설픈 몽고반점이 박힌 무를
소금에 버무려 너의 품에 안기고
속속들이 너의 상처 속으로
내가 가진 고민
내 눈에 비친 것만 스미길 빌었다

해 넘어 석점에 기미 앉은 장딴지는
하얀 물꽃 피우며 그렇게 총기를 잃고
누렇게 솟아 오른 알몸으로
자꾸만 늘어가는 하소연

슬금슬금 파고드는 갈증에
냉수 댓박 끼얹으면
알몸으로 사르르 녹아들어
생동하며 일어서는데
때 이른 무상(無上)에 무게를 지운다

창호문에 머문 바람

굴뚝새 다가와
한마디 쪼고 간 자리에
팽팽한 마음에 구멍이 뚫리고
바람의 욕설이 수시로 드나들고

무죄(無罪)임에도
사방으로 둘러쳐진
빼곡한 창살 안에
자숙을 강요당하고
자백을 해야 하는 걸까

억울한 마음에 소리치니
아련히 박혀 오는 눈물 같은 설움이…

산사(山寺)에서

진하게 채색된 산울림들이
가지를 휘어잡고
길 잃은 고요가 봉창을 두드리면
잃어버린 기억들이 되살아나
문고리를 건다

어찌 그것뿐이랴

쓰라린 아픔을 뱉으니
모난 오류의 파편들이
우수수 방바닥에 쏟아져 내리고

다시 쓸 수 없을까

서둘러 비망록을 펴면
황급히 다가서는 탑 그림자
적막에 쇠를 박는 목탁 소리

이는 진정 나의 업(業)이란 말인가
업에 업을 실은 두 눈이
성찰의 풍경 속으로
절로 녹아 내린다

山

누군가 몹시 미워질 때

누군가 몹시 그리울 때

또 다시 내가 싫어질 때

너의 가슴을 파고들면

그 곳에 답이 있었다

늦가을의 햇덧

활시위에 세월을 걸어놓고
당기지도 않았건만
어느새 스산한 가을이 왔다

그동안 나는 무얼했나
기억의 조각을 어루만져도
도무지 일상의 잔소리뿐

그냥 하루였고
그냥 내일이었다

진정 나의 나날들은 없었던 걸까
초조한 마음에 달력을 그리면
야금야금 다가오는 겨울 이야기

또 그렇게 저물고 있구나

찬 너울 놀치는 바다

그 누구의 부름이었을까
황급히 찾아왔는데
줄줄이 몰려와서 꾸짖음은 무슨 경우요

내 그리도 미움이었소
내 그리도 아픔이었소

시린 그물을 치면
단조(短調)를 연주하는
소라의 통곡이
물결을 울리는데

나의 삶은 무엇이었을까
수평선 저 멀리 나를 보며
봉긋 피는 하얀 희망의 물결들

이제야 난
겨울바다가 건넨
초대의 의미를 안다

마니산의 가을

하늘의 푸념이 내려와
자리를 펴니
지상의 가을이 되었다

한쪽은 분노로 물들이고
한쪽은 미움으로 멍들이고
한쪽은 시기로 물들이니

그렇게 하늘은
우리들 마음을 잡아 놓고는
묵묵히 조롱하고 있었다

한숨 고르기

누구의 잘못이었든지
구겨진 변명을 펴면
두런거리는 단어들이
여기저기 펄떡대며
한마디 한마디가
지린 세월이 참으로 고달픈데

날숨에
들숨에
허전한 가슴을 털면
그렇게 절실했고
또 그렇게 애절했다

돌아보는 주위의 애달픔이 가득하고
지난날 손가락셈이
자꾸 굽어만 가는데

이것이 진정 나의 삶인가
묵묵히 고개를 떨구면
처연히 피어나는 긴 한숨

빈 들에 서서

어쩌면 채워졌을 거라는 기대에
더듬어 보면
또 그렇게 희망은 도주하고
미처 떼어가지 못한 붉은 신호등이
심문을 받으며
비명을 지르고 있다

어쩔 수 없는 선택의 기로
손금의 마찰이나
손금의 반란이나
애써 비장한 웃음을 만들고
골목에 숨어 들면
바짝바짝 다가오는 비굴함이여

나가려 해도
갈 곳이 없고
너 오라 해도
갈 길을 모르니
이렇게 빈 들에 서서
손바닥에 침을 뱉어
나아갈 뿐이다

허상

듬성듬성 뚫린 가슴을
정으로 빼곡히 채우시더니

어느 사이 외면으로
살금살금 달아나심은
그게 절망인가요

무조건 사랑하며
가슴 깊이 새겨두려 했는데

그리 살다
벗겨진 정수리에
늙어진 세월의 땀이 맺혀도
내 오로지 사랑으로 되뇌며
잠이 들려 했거늘

그리 가심은
지난날 찍힌
새겨진 낙관을
모두 지우시려는 겁니까

그대가 떠난 텅 빈 자리만 남아
저 이제 비로소
모든 게 허상임을 알았습니다

제2부

시를 쓰는 밤

아련히 젖어드는 고통은
자국만 돌아나고
붓은 갈피를 잃고
뒤안길로 돌아선다

내 홀로 있음은
대체 어떤 삶 위에 놓여 있는 걸까
자책에 원고지를 찢어 버리면
어디선가 들리는 비웃음 소리

나

잃어버린 생이
좌우로 갈라서니
추억의 길이 되어
세월의 행진 속에
자연의 행진도 이어가고
한마음 사랑이 되어
그렇게 나아가면서
세상의 어울림은 이루어졌다

숲속을 베고 하늘을 이불삼아
이슬에 가슴을 헹구고
바람에 몸을 말리고
초록빛 웃음의 그림을 그리며
외통수 가는 길로 가면

새들도 하늘에 구멍을 내지 않듯
백주 대낮 미혹에 취한 시인은 펜을 들고
배부른 큰 눈으로
곱디 고운 시 한 수 읊으니
바람인들
구름인들
어찌 부럽지 않겠는가

제목 없는 시

시간에 녹아 물든 단풍이
시간에 녹아내리고
일출을 꿈꾸던 태양도
시간이 부르면
바닥에 누워
펼쳐진 검은 설움을 내민다

문설주에 숨어 울던 귀뚜리도
유년의 기억을 간질이며
하나씩 사라진 별을 찾아가는데

나의 시는
그만큼에서 망설이고
세월만 탓한다

악다문 입으로 시를 물고
제목을 잡지도 못한 잡글이
원고지만 삼키는구나

멀리서 울어 예는 닭 울음소리
오늘도 새벽은 어느새 내 곁에 있구나

축제의 애드벌룬

길 잃은 환호성이
돌다 돌다 제자리를 찾아들면
떠나보내는 아쉬움이 송이송이 내리고
그리워지는 사랑이
그대와 나의 거리를 좁힐 수 있을지

흔들리는 애드벌룬 방황에
이리저리 오가는 시간 속 우리의 언어들이
허공을 가르며 빛을 잃어가고 있다

이제는 선택의 시간
다가섬과
돌아섬의
갈림길에서

결단이 절실한 이때
어디선가 들리는 환호성
또 다시 길 떠나는
무리(無理)를 본다

그날의 기억

시린 손을 불어가며
한없는 외로움이 차가울 때
당신의 품에 다가서면
내 마음에 얼어 있던
아픔들이 술렁이고

휘감는 생채기가 남아 있어
물먹은 검은 눈빛으로
때묻은 시간이 조금씩 떠오른다

우리가 함께했던
길목을 더듬어 보면
감탄의 미소가
그리움으로 치밀어 올라

정수리에 앉힌 양은 도시락은
정으로 익고
애잔한 향수로 자리를 펴는데
분명 따뜻하지만은 않았던
이 아득한 기억들은
나의 과거의 획(劃)이었을까

이리저리 살아나는 따스한 불춤에
진정 당신의 마음을 알 것 같다

마지막 은행잎

초록의 언약이
노랗게 퇴색됨은
우리 이별의 수순인가요

저리 가라 손사래를 치듯
온몸을 부르르 떨며
날리시는 파편들은
우리 이별의 알림인가요

다가서지 못하고 먼 발치서
소금에 절인 배추마냥
시들어 버린 제가
그렇게 부담이셨나요

보상할 수 없는 바람에 이끌려
황혼 속을 걸어가는
아름다운 뒷모습은
다시 돌아온다는 약속인가요

이제 그대 마음 헤아리니
이별의 손사래만은 그만 두시고
다음에는 푸른 기운으로

빛살을 부둥켜안고

심연 깊은
금빛 사랑을 빚어
감춰진 긴 이야기를
토해내시지요

때묻은 일기장

내 작은 소망은
당신들의 진심을 아는 것
잔잔히 다가오나 싶으면
거세게 몰아치는 이유가 무언가요

삶의 쉼터에
밤마다 거세게 다가오는
심장 뛰는 소리
봇물이 터져 차디찬 얼음으로
꽁꽁 언 마음을 대하는 것이 무언가요

매정하게 속삭이는
반란에 귀를 기울여도
여전히 소음으로 일관하는데
그 이유가 무언가요

길고 긴 날 숨겨 왔던 것들
내 삶이 그렇게 부질없었는지요
내 삶이 스란치마 흩날리듯 했는지요
내 삶이 그렇게 무의미했는지요

아득한 동화 속 요람이 되듯

그들에게 얽매여 몸짓 눈치를 보며
돌담 위로 나뒹구는 긴 세월의 멍을
이제는 지우렵니다

열서너 살 유년의 꿈이
풍선처럼 떠오르는 허망한 세월
서른 해를 찌든 가난에
내버려진 응고된 아픔을
한줌 소쿠리에 담아 버리고

마흔 중년 한 꺼풀 찬기를 벗은
사월의 어느 날
하늘도 찢어지고
내 마음도 찢어지고만
빈 자리 하나
이젠 지우렵니다

닦아도 닦아도
서러운 눈물을
이젠 지우렵니다
새파란 순으로 나와
푸르게 잘 자란 나의 분신이 있기에

이젠 지우렵니다

그대들의 진정한 이상과 갈구로
새 마음의 영역을
가득 채우길 기도하며
검은 장막이
세월을 덮고

지나간 고난을 조롱하듯 웃고
행복의 한 겹 바람이
억장 무너지는 핏빛 마음을 돌리어
흔적조차 잊혀 가는
나의 빈 가슴으로 남으렵니다

코스모스

자연의 섭리에 따라
밝고 어두운 색깔을 건져내어
빛깔 고운 색 변명으로
술렁이는 들녘

바람은
사잇길로 내달리며
간지럼을 놓고

고추잠자리는
날갯짓에 지쳐
우주의 중심에 앉아
상념에 존다

글쟁이

시를 쓰는 것이 한 줄이면 족한데
더 쓰려드는 것은 욕심인가 미친 짓인가
고동치는 가슴으로 쓰는 것인가
새처럼 그저 가벼이 쓰는 것인가
이제 알게 되었소

좌절하기 싫은 마음을 뿌리고
내 마음 서러운 가락 흐느끼는 소리에
억새 잎에 구르는
이슬 같은 나의 눈물이
창백한 시대의 양심으로
가슴에 남은 주먹 같은 문신으로
지웠다 썼다 그리하는 글쟁이라오

이끼 낀 골짜기에 시름을 벗어놓고 싶지만
아픔을 삭이는 원고지의 휘장을 두르면
한 세상 구구한 사연이
벗겨도 벗겨지지 않는 시가 굳어져
굽이굽이 세월을 나이테로 감아

무시로 내려앉은 글은
내 육신의 생명의 줄이

끊기는 날까지
한 평생 지고 가는
고행의 짐이라오

색연필

화려한 목도리 속에
저마다 속마음을 감추고
제 방에 보란 듯 누워 있는 건
무슨 음모인지

분홍마음으로 사랑을 하고
초록마음으로 믿음을 키워
파랑마음으로 높이 치솟아서
행복의 도화지 속에 살자던 약속이
어쩌면 하얀 속에 숨어
검정과 어우러져 나를 속이려 하는지

잿빛 세상에서 살아온 내가
그리도 마음에 들지 않았는지
내 그리도 길을 잃고 방황하는 당신을
오롯이 받들어 내 방에 들게 하였는데
그리도 매몰차게 외면함은
무지개 반란이 아닌지

이젠 마음의 일부를
말끔히 씻어 버리고
내일 알 수 없는 세상사

무서움에 검고 탁함 지우고
넘치는 희망 속
새 의욕 한 가득 안고
금낭화 한 포기
그림으로 그려내시면 어떠할까

영원한 쉼터

고운 청자빛 속 춤추는
학의 무리들이 노닐건만
우리는 남남이었기에
서로가 다른 길을 가고

뿌리 없는 미래는
늪에서 알파 없는 늪으로
구조적 모순을 품어 버렸으나
나란히 기도할 수 있는
그 인연 하나만으로 족합니다

마침표 같은 돌 하나 던져져
동그란 파문이 출렁이듯
우린 서로의 투명한 눈빛 속에서
지는 해 피는 달을 꿈꾸었습니다

구중궁궐 찬란한 단청보다
연록색 맑고 단아한 지붕
맵시 고운 가는 창틀
수줍게 고개 숙여 맞이하는 초롱불

모아 두는 허공에 잡아 두는 정을 담아

아련한 삶의 터에
달덩이마냥 둥그런
그런 사랑의 꽃을 뚝뚝 떨어뜨립니다

샘 속의 요람

답답한 세파에
멍든 마음 비우려
초록에 파고들면
아련히 피어나는
햇살 닮은 풀잎 소리
가을 들섶에 숨어
도란도란 속삭이는데
어쩌면 저리도 해맑을까
아른대는 물결 위에 손을 담그면
서서히 맑아지는 가슴
나 이제
내 머물 자리를 안다

가로수 길

나 외로워 길을 나서니
매정한 바람이 등을 밀쳐
갈 곳 잃은 처량한 나그네가 되는군요

단장도 아니 들고
봇짐은 더욱이 없는데
도대체 어디로 가라시는지
저 이제 혼자임을 압니다

한없이 쏟아지는 한숨
내 이제 희망도 녹아
처량한 발길만 놓는데

어깨를 두드리는 스침에 그대를 보니
생명의 찬란한 빛으로 감싸주시는 건
진정 나 혼자만은 아니라는 뜻이겠지요

나 이제 그대를 희망으로 삼아
길동무하려니
손끝 시린 우리들의 살아가는 이야기 나누며
백년대계가 헛된 말이 아님을 바랍니다

꽃과 인생을 바꾼 여인

시린 하늘 흰 구름 간간히 내려앉고
조문 같은 흰 눈발이 무시로 쌓인 2월
느티나무 벌거벗은 가지처럼
수줍어 고개 숙여
조롱조롱 연분홍 치마저고리 입고
꽃봉오리는 피었다

신새벽 그늘을 밟고
달 그림자 영근 사랑이
찬 이슬 몸에 감겨
구원의 등불을 켜게 하여
제발 악몽에서 깨어나길 기다리는 여인

목청 높여 말만 앞세우며
호화롭게 치장하고 자신만 아는 무리
그 무리들과 이어진 혈관이 막혀
이 시대를 힘들게 살아가는
동맥경화에 시달리는 가련한 여인

눈물과 분노로 마음이 활처럼 휘어져
부끄러운 날개를 묻고 살아야만 했다

서로가 남남이었기에 마음에 부담일랑 없지만

그들과 나의 지나간 보람일랑 미련조차 남기지 말고
아린 모서리에 핀 꽃봉오리 바라보며
질타하는 설교대에 섰지만

등 돌려 가슴 아픈 눈물 머금고 모진 결심으로
얼기설기 칡넝쿨 따라 암벽 타고 올라보니
어느덧
꿈을 깬 밝은 소녀가 기적의 메아리로
빈 하늘을 흩뿌리고 있구나

우뚝 솟은 바윗덩이처럼 아무 말 없이
묵묵히 세상을 살려 했건만
바람이 불면 속살이 바람에 뚫리고
몰골은 검게 그을려
세월의 물레를 자으며 가는데
발가벗긴 채 하루하루를 검은 세상에 떠밀려
뿌리 채 흔들리는 응어리진 마음을
밤새껏 울다 남은 눈물 자욱에

가난한 자가 부르는 어머니란 이름표를 가슴에 달고
그래도 삶을 집어 담아 하루를 시작하는 새벽시장
쏟아져 내리는 소나기 틈
온몸을 적시며 장바구니 속에 꽃을 담아

사람 사는 세상의 끝 닿는 대로 가고 있다

꽃을 파는 여인
한 아름 꽃다발 속
순수하고 예쁜 너를 마음에 안고
갈증나는 목에 물 한 모금 뿌려주니
하얀 깨꽃처럼 곱게 자란 사랑스런 꽃

여인이여
여인이여
바람 같은 세월 바람처럼 가고
물 같은 인생이 물처럼 흘러간 지금
여인에게 남은 덕지덕지 묻은
석화(石花)같은 삶의 때를 벗겨내시구려
이젠 흰머리 보이는 중년이 되었잖소

아름다운 마음으로 진실된 노래를 맘껏 부르며
이젠 가진 땅 넘치게 많으니 땅 짚어 성큼 내딛고
일년 내내 일요일로 묶어 두어
마음 구석구석 채우지 못한 것 조금씩 채워가며
천만 갈래 엉킨 시름 시나브로 잊으면서
먼지 낀 거울 닦듯 마음을 닦아
땀에 젖은 양심으로 부디 환하게 살으소서

파도

어느 사연의 급한 소식이기에
저리도 물보라를 일으키며 다가오는고
내 이제 마음을 비우려 하건만

다시는 그리움을 채우지 않으려 하는데
어찌하여 슬픈 가슴을 두드리는고

애타는 마음에 소리치면
변함없는 너의 대답은
목줄기를 세우매

처얼썩
처얼썩
처얼썩

모차르트 클라리넷 협주곡

따스한 마음이 그리울 때
양손 깍지 끼워
자신을 단죄하듯 사랑을 모으면
살며시 들려오는 클라리넷 소리

이승의 잔별 하나가
찬 바람에 떨고 있을 때
요정이 클라리넷 연주로
숨죽인 풀잎 흔들어 깨우듯
한 생명 움트게 하고

인정이 피어오르는 모깃불 속에서
하얀 박꽃을 생각하며
속세에 찌든 오욕의 때를 밀어내고

자유로운 사랑의 이중주(二重奏)로
벌거벗은 가슴에 불을 지피고
인생 굽이굽이 꾸러미 엮어
어둠의 곳간에 무언지 모를 소망을 묻어둔 채

이제는 추억을 만들어야 할 시간
이제는 전설을 써야 할 시간

달빛 밟고 반가이 맞는
사랑의 설렘에 열망으로 타오르는
한 박자 느린 연주를 꿰어서 교합하는
모차르트 클라리넷 협주곡

시를 쓰는 밤

원고지를 마주하면
손끝이 떨리고
머리가 아프다

아름다움은
그 깊은 울림은
내 마음의 못다한 소리를
쏟아내려 하는데

아련히 젖어드는 고통은
자꾸만 돋아나고
붓은 갈피를 잃고
뒤안길로 돌아선다

내 홀로 있음은
대체 어떤 삶 위에 놓여 있는 걸까
자책에 원고지를 찢어 버리면
어디선가 들리는 비웃음 소리

너는 바보 너는 바보
길길이도 날선 비난에
새 원고지를 다시 꺼내면

오늘도
상념에 불태워진 아침 햇살이
창호(窓戶)를 불태우고 있구나

비로소 한 줄 시에
찰나와 우주를 그려낸
원고지에 찍었던 회심의
마침표

가을이 남기고 간 낙엽

어둠이 내려앉은 창가에
낙엽 날아와 문 두드리니
설레는 마음에 문 열어본다

바람이 흉을 본다

그렇게도 목마르냐
그렇게도 사무치냐

부끄러움에 문을 닫으니
빈 잔처럼 흔들리는
풀어진 어깨

사랑하는 마음

사랑하는 사람을 보낸다는 건
그 사랑의 책임을 진다는 것

사랑하는 사람을 못 잊어한다는 건
그 사람의 행복을 나눌 줄 안다는 것

사랑하는 사람을 마음에 둔다는 건
그 사람과 함께 동화 속 요람이 되어 산다는 것

사랑하는 마음은
산산이 깨어진 폐허 속에서도
꿈의 궁전을 그리며
야심찬 마음으로
웃으며 바라다보면

새 의지로 무늬 지는
신비의 삶을 지어가는
행복의 마음

전화

언제부턴가
기다리는 버릇이 생겼다

누군가와 언약도 없었는데
설레는 소식을 담고
아련한 떨림으로 와 줄 것만 같다

그는 누굴까
궁금증에 세월의 앨범을 펴면
보고픈 사람들

발 머물고 뒤돌아보니
그들은 나를
기억이나 하고 있을까
설렘에 옛 자락을 더듬는다

온통 기쁨이었던 것 같은데
왜 이리 잔잔한 보고픔으로 남았을까

세상의 단순 논리로
실험관이 될 수 없기에
미련의 낙관이 찍힌

커피 한 잔 뽑아들고

잡아둘 수 없는 정이
구구한 사연으로 잠겨져
지나가는 세월만 남는구나

귀가

나 이제 돌아가려 하네
바람처럼 정처 없던
삶의 길을 알아서

나 이제 돌아가려 하네
사라져 버릴
시간의 흔적을 알아서

나 이제 돌아가려 하네
깊은 사랑의
가치를 알아서

나 이제 돌아가려 하네
진정한 내 자리의
의미를 알아서

하지만 울컥이는 마음 어찌할꼬
내 그대와 함께 할 자리를
잊지 않고 펴려니
조금만 조금만
더디 더디 오소서

아침

잠이 덜 깬 마음을 닦으면
세상이 보인다

신새벽 우물에서 건져 올린
청초한 아침의 햇살이
희망으로 부풀고

싱그러운 마음 안고
대문을 나선다
희소식이라도 오려는 걸까

산수간(山水間) 고사(古寺) 처마 밑
목어 풍경 속
빨갛게 달린 찔레꽃 열매 몇 알로도
결코
허기지지 않는 아침을 맞는다

떠나는 가을에 내린 비

한바탕 비가 내리니
낙엽이 몸져 누웠다
지나치는 무리에 짓밟혀
무심함에 멍이 들고
빨갛게 열이 올라
간절한 소망도
이제는 먼 나라의 전설이 되어
물구덩이에 스며들고
갈 길마저 잃었으니
이제 어떡해야 하나
떠나는 아쉬움에 눈물이 고여
내 한 생(生) 시간을 거슬러 돌아보면
이끼 낀 한 세월이 속(俗)을 벗고
지나가는구나

독백

당신의 고운 미소를 담으려고
창밖에 백지로 걸어 두면
당신의 말씀을 적어 주시렵니까

당신의 고운 목소리를 담으려고
창밖에 악기를 걸어 두면
당신의 음표를 그려 주시렵니까

당신의 따스한 손짓을 느끼려고
창밖에 마음을 걸어 두면
당신의 손길로 어루만져 주시렵니까

욕심인지 모자람인지
조율된 낮은 음조로 말합니다
나는 항상 내 마음의 포로다
독백으로 당신 곁을 스쳐 지나갑니다

늘어진 밤

늘 걸었던 그 길이
낯선 이유는 무얼까
나의 오만인가
나의 자책인가
어둠이 주는 의미는 무엇일까
어둠의 능선을 더듬으면
푸석이는 생의 맥박이
어쩌면
날 탓한 것 같기도 하고
어쩌면
날 위한 것도 같아
조심스레 그 길을 나아가면
멀리서 다가오는 반딧불 하나
꺼질 듯 꺼질 듯 작은 불빛이
닫혀 있는 밤길을 흔들며
밤하늘을 찍어 놓는다
헤아릴 수 없는 내 마음을 닮은
그 빛의 의미를 이제는 안다

자화상

이따금
나는 내가 아닌 것 같다
유년의 흔적을 더듬어 보면
늘 해맑았는데
어느새
그늘이 앉았다
누가 그늘을 드리운 걸까
벗겨도
벗겨지지 않는 복받치는 설움들
이것 때문이었을까
안타까움에 자책의 지우개를 들지만
이리저리 튀기는 상념 끝내
지우지 못하고
오늘도 슬며시 붓을 놓고 만다

거울

거울 속에 비춰진 나를 본다

그 속에 나는 웃고 있다
그 속에 나는 울고 있다
그 속에 나는 화를 내고 있다
그 속에 나는 혀를 차고 있다

일년을 꽉 채운 하루하루
반복을 하는 희한한 삶의 필름

보면 볼수록
퇴색돼 가는 내가 두렵다

산다는 건
산다는 건
사랑을 배워가는 것

산다는 건
미움을 배워가는 것

산다는 건
질투를 배워가는 것

산다는 건
용서를 배워가는 것

산다는 건
죽음을 배워가는 것

오해

하루를 깁다 보면
많은 부딪침 속에
크고 작은 문제들이
술렁인다

어쩌면
나로 인한 것 같고
어쩌면 그로 인한 것 같은
묘한 연관 속에

이간질하는 운명의 유혹이
쉼 없이 나부끼고
믿음을 갉아

오늘도 그 자리에는
씻을 수 없는 상처로 남았다

나는 내일을 위하여
반성문의 의미를 곱씹어 본다

깃발

지난 시간의 흔적들이
어느새 나는
내 안의 깃대를 타고 올라
세상을 둘러본다

내 진정 보고자 하는 곳엔
듬성듬성 빠진 머리칼이
이리저리 방황하여
마침내 마음을 적어 가는데

기다리던 아득한 그 이름들은
어느새
허무함이 되어 멀리만 달아난다

내 오늘 그들을 부르려
하얀 마음 올리니

인생의 깃발이여
꾸짖지 말고
진솔한 사랑으로 펄럭이소서

어둠의 빗장을 열면

어둠의 빗장을 열면
그 속에 내가 있다
나는 떨고 있다
아쉬움에 떨고
그리움에 떨고
외로움에 떤다
나는 도대체 무엇이 두려운 걸까
산다는 것일까
살아간다는 것일까
고동친 가슴으로 살아온
처박은 일기장을 꺼내 펼쳐보면
회한의 나날들이
귀에 와 닿고
역사를 사냥질하는 천둥소리
오늘의 두려움이
곧 허무에서 온 것임을
나는 알았다

달빛 소나타

은빛 가루가
호수 위에 누우니
물결이 시를 쓴다

출렁이는 거친 인생 위로
삶을 태운 가랑잎 배가
좌우로 흔들거리며

조금씩
조금씩
은빛을 밀고

매어 놓지 않은 시간을 나아가고
구름 타고 산 넘어온 바람이
곤히 자는 어린 가지들을
흔들어 깨우는 걸 보면
봄바람은 파란 옷을 입혀 주는
나무들의 엄마일 것이다

제3부

시와 고독을 달고 떠나는 여행

철 볕에 탄 한 줌의 시를 쥐고
차가운 영혼은 고독을 달고
생명과 환희의 풍향계에 걸려 도는
이정표를 따라 닻으로 묶인
시와 고독의 매듭을 풀고저
여행을 떠납니다

늙은 고독의 품속인 듯
흰 갑옷 두른 자작나무
제 배를 가르고 자라난 가지가 나를 닮아
음울한 잔소리 음율을 자아내고

어느 늦은 밤에

먼 길을 휘돌아
지친 몸을 누이면
공허함이 가슴을 덮어

천장에 애처롭게 매달린
동그라미 벽지가
보고픈 얼굴들로 아른거리는데

창문에 닿는
스산한 가을의 연가가
뻥 뚫린 영혼으로 스미어

서러운 늦은 밤의 하루가
한나절을 흔들리고도 모자라
늦은 밤에 걸쳐 있구나

욕심

나를 잊어버렸을 때
당신은 그렇게 자리 잡았다
유년의 그날은
내 속에 내가 자리 잡지 않아
단순한 놀이였는데

어느새 유년의 그날은 사라지고
세월의 거죽만 늘어
이기의 주사위의 노예가 되었는지
이게 진정 내가 그리던 것 아니었는데
어찌 그리되었는가

애써 변명을 풀어내면
주위에 쌓여가는 삶의 격렬한 몸짓
예사롭지 않은 색깔에
얼른 주머니에 훔친다
그리고 생각한다

이걸 버리면 나의 생의 의미가
없을 것이라고…

이별의 시상(詩想)

하늘과 땅이 손을 잡는 밤이면
냉기마저 휘어 감는
스산한 이른 겨울밤

감은 눈 속 스쳐가는 날들이
빛바랜 옹이 속에서
한 줄 시로 찢긴 마음 꿰매 본다

고통당한 바람에 흩날리는 머리 한 줌
움켜잡고 억압된 삶을
원통해 한들 무엇하리

거친 바람 불면 불수록
어깨를 쫙 펴고
웃고만 살아도 짧은 인생인 걸

개나리는 꺾이어도 꽃은 피어 있고
첼로의 줄이 끊기어도
슬픈 가락은 울고 있다

책임지지 못하면 버리지는 말고
버렸으면 짓밟지 말고

짓밟았으면 뒤도 돌아보지 말아야 한다

이보시게나
버리시게나
버리시게나
버리시게나

버리면 잃을 게 없고
잃어도 아까울 게 없으니
철조망 쥐어뜯는 아픔이 있어도
떠나보내는 이별의 시를 엮어
날려 보내시게나

선과 악

신에게 묻고 싶다
선과 악의 갈래가
한 뿌리에서 생겨나는 솜씨에
천사와 악마가
한 집안 한 형제였을 줄이야

악마는 피하는 게 아니라
가슴에 받아 삭히고
사랑은 찾는 게 아니라
가슴에 안고 키우는 것

동서남북을 엉덩이로 깔고
춘하추동을 두 눈에 담아
역사를 가슴에 묻어
바위처럼 입 다물고 가락 뽑는
눈 먼 매미처럼
억울한 미이라로 남겠는가

허허
인간살이 짜임새가
애당초 잘못된 것
아니거니

아니거니
하늘만이 알고 있습니다
이승의 만남이란 단어는
인간이 좋아하는 언어의 골수다

민들레 홀씨되어

풍경소리 흔들림에 겨울은 숨고
검은 주렴(珠簾)을 걷어
푸성귀 같은 아침에
금빛 햇살 옷을 입고
비 아지랑이 속 균형 잡아

신작로 훤히 트인 길
저켠 싸움터 억센 목숨으로
파란 초롱 들고 앉아
휘어지게 노란꽃을 피우더니

고독한 헐은 가슴을
알맹이로 영글어 솜 같은 씨털로
세월의 중량감을 못 이겨
제 귀를 자른 고흐처럼
긴긴 시름으로 가위질 치는구나

사념의 깨어진 시간 속에
신의 따스한 온기로
피었다 지고 말 뜨거운 영혼들이
또다시 초록빛을 만들고

꽃망울 혼이 커져 받쳐든 사랑은
끝내 생의 막장으로 이별을 고하는데
동천(東川)물과 서천(西川)물이 여울목서 만나듯
한 가닥 생각을 타고 시간을 져내리면
두고 간 정이 가슴 깊이 울리는구나

어느 시인

노을이랑 어스름이랑 버무려진
붉은 진흙탕 오후
홀로 밝은 석양이
불을 지핀다

어스름 졸다 찢어지는 하품과
잔기침만 해대고
해종일 한 목소리로
매운 설움 물으면 무엇하랴

그냥 덮고 가자
한 필로 엮인 사연 뉘 탓이겠는가
잃을 것 다 잃고 뒤돌아 눈여겨보니
거기 또한 빈 자리
나의 뼈와 짓무른 살로
건져낸 한 줄 시만큼
값질 수 있겠는가

촉수 높은 혼의 불빛이 켜져
엉킨 가슴 비춰
칠홉 채운 인생 달래는 못다 푼 한을
한 겹 한 겹 눅눅한 시로 적신다

시인이 휘두른 절필의 원고지에도
자아의 추물이 숨어 있듯
수만 개 실핏줄이
저리 맺힌 아픔을 앓으면서도
환한 웃음을 짓는구나

이젠 만 갈래 시름도 재워
매운 설움 버리고
흙탕물 베고 누워 스치는 행운만 잡아
남들은 천당이나 극락에 가지만
나는 습작의 밭 가는 소리에 취해
나 홀로 남아 내 집으로 돌아가리라

한 잔 술

누룩 빛으로
물들어 가는 저녁놀
한 잔의 술
한 숨의 담배
내 나이 들어 외로울 때
지난 일을 그린다

골수에 뿌리박힌 설움
넘어지는 일
울고 싶은 일
말 못할 마음
서로의 생명에 적이 되지 않도록
위로의 한 잔 술

쓴 소주 한 잔의 러브 스토리
물거품 맥주의 엉겨 붙은 첫날밤
고량주 한 잔의 이별
막걸리 한 잔의 풋사랑
와인 한 잔의 클래식 사랑

낯선 술집 앞 비에 취해
떨고 있는 네온사인

달을 향해 짖어대는 개처럼
소리나지 않는 트럼펫을 부는 어리석은 자

순응자의 술 취한 화가처럼
밤을 드로잉하는데
검은 것은 검게
흰 것은 희게
화폭에 필(筆) 가는 대로…

자존심

하루 하루가 힘 드는 것은
내 안의 그 무엇을 헤아리지 못함인지
가장 나 자신을 알기에
그늘진 구석에 꿈틀대며
미끄러져 안기는 의존적인 모습

출렁이는 부끄러움에
자존심이란 벽 앞에서
고개 숙이지 않고 질러대는 증오는
귀소본능인가

거추장스런 위선과 환상을 떨치고
핏속으로 스며드는 카페인 같은 자존심
의지를 갉아 병들게 하는 자존심
높이만 있어서 전부인 줄 알았는데
골빈 놈이 웬 머리가 그리 무거운지

신새벽에 숨어
곰팡이 핀 모주만큼
볼품없는 말
자존심을 쏟아 버린다

화분

빛이 앉은 자리에
당신의 몸체를 드리우니
햇살이 귀엣말을 하고
옷 잎 끌며 사뿐사뿐 내려선다

쉬임없는 사랑의 언어
가슴으로
뼛속으로
파고들면
어느새 결실이 시작되고
목에 간지럼을 느끼는데

드디어
반짝이는 눈망울로
송이송이 맺혀
알몸 드러내면
설레임에 이슬이 내려와
자리를 잡는다

시간

초조한 함성이
우로 돌아 밀리고
주렁주렁 원을 그려
육십 번이나 곱씹어
터벅터벅 짜맞춘 걸음
찰나에 사룰 몸이면
기약이나 하고 가던지
과거 속에 숨어 자리 깔고
재촉할 아무런 까닭 없이
파랗게 녹이 슨
한의 긴 띠를 두른
천지개벽을 탄원한다

사계

한 망태기 산나물
덤으로 인정까지 주고
날쌘 제비 긴 통소 불며
하늘 끝 달음질하는데
가을비 긋자
앞산은 성큼
이마에 찬기로 닿고
푸르디 푸른 눈을 뿌린다
몇 백년 살았나 알길 없는
백심에 기록된 연륜으로
아름다운 시어(詩語)
하나하나 가려내기에
무수한 단어들이
버려지듯 제멋대로 넘나드는
사계의 백팔번뇌

술

곰삭힌 화냥기에 빚은 술로
한 번만 새로 한 번만
미쳐라
마셔라
달쳐라
가슴 속 아우성 절로 앉히고
정지된 시간에 가락을 빚은 술로
끓는 마음 삭이고
미끄덩거리는 검은 욕정
어둠을 찢는 싸늘한 미소
수심 가득 찬 지친 몸
내 몸이 아닌 몸을 씻고 씻어
곰팡이 슨 자리에 무너지듯
뒷바람에 몸을 씻는다

방랑자

만추의 석양이
각도 없이 기울어
시간을 말하는데
뜻도 야망도 없는
변태적인 가엾은 자의 도피로
헝클어진 감정에 내가 만든 유리벽을
스스로 산산조각내
외롭고 복받치는 설움을 토한다

구석의 전구는 나를 조롱하듯 비웃고
하늘의 빈틈없는 설계로
추위와 비는 어김없이 찾아오는데
비 오면 해를 그리며 푸념질하고
더우면 덥다 추우면 춥다
간사함인지 무례함인지

한 뼘 손바닥 안
무거운 땅 지워 이고
부처 예수 천주님
정다운 3인 회식에
불청객으로 끼어들지 말고
수신제가하여
무지갯빛 용트림 한 번 하시게나

소설 짓는 밤

달콤한 자정의 병
돌아온 새벽은 안개 숲과 부비고
깊어가는 체온으로
마음속 달이고 달인 필력으로
골골이 깃은 열려져
길고 긴 소설을 쓴다

풍기는 차향에
야금야금 여닫는 숨결 소리로
격류의 세월을 담아내기에
맞닿은 태(胎)는 하나로 이어져
야곰야곰 부숴내니
무력한 원색의 몸부림은
연신 엎어지고 다시 서고
반복이구나

쪼르르
어둠 속을 말려가는 까만 눈동자는
열리고 닫히는데
마침내 아픔을 삭여
윤기 도는 글 하나 피워 내는구나

문소리

백 바퀴 울안을 돌고 돌아
단심(丹心)으로 한 올 한 올
뽑아 울리는 소리
난 아니야
휘파람까지 날리며 너스레를 떤다
하는 수 없이 다시 돌아서면
베옷 구기는 소리로 어지럽게
둥긋한 문고리를 흔든다
이제는 속지 않으리
여윈 두 손으로 귀를 막는다
백약이 소용없는 정체불명의 소리
춘향이 엮어낸 사임당
녹슨 문 열어 달라 애원하듯
애가 타는데
순간 뇌리를 번득이는 절대 이성으로
진정한 문소리는
나의 마음속 닫힌 문을 열어 젖히고
다함이 없는 정(淨)한 웃음소리

이국(異國) 캐나다

이국의 아침이 그리울 때
이슬 영근 테라스에 앉아
사모하는 애틋한 정이 담긴
아른거리는 얼굴들

저격당한 태양에
얼룩진 설백(雪白)
로키의 뾰족한 산등성을
전설이 파괴시키고
평원의 숲과
에메랄드 호수를 잉태한 땅

가슴 치는 불곰의 울부짖는 소리가
나를 부르고
순록의 발 재촉하는 소리가
나를 따르는 것만 같구나

인본(人本)을
조강지처 버리듯 버린 세월
전화로 글이 가는 세월
과거에 흠뻑 젖고파
빛바랜 여권이 울먹인다

이번에는 가는 거지
가는 거지
발목 묶여 떠밀려 사는 인생
시나브로 열린 가슴 참회로 알고
아픈 그리움 징검다리 보고 있구나

시와 고독을 달고 떠나는 여행

철 볕에 탄 한 줌의 시를 쥐고
차가운 영혼은 고독을 달고
생명과 환희의 풍향계에 걸려 도는
이정표를 따라 닻으로 묶인
시와 고독의 매듭을 풀고저
여행을 떠납니다

늙은 고독의 품속인 듯
흰 갑옷 두른 자작나무
제 배를 가르고 자라난 가지가 나를 닮아
음울한 판소리 음율을 자아내고

습기 먹은 운무가 시를 그리듯
꽃 구슬 뿌리니
허공에 풀어진 시상을
주섬주섬 마음속 옹기에 담아
청빈한 명경(明鏡) 가슴으로
무릉도원 꾸려내니

숙명처럼 기다리고 계실 당신 부르심에
내 안의 찌꺼기 쏟아내고
속앓이 헹궈내

시간이 적은 유서에는
시와 고독을 달고 떠나는 여행이라 붙여
슬프디 슬픈 홀로 뚫은 퉁소 불며
쑥대머리 한 곡조 뽑으리

추억의 로망스

불로 만나 타지 못하고
물로 만나 합하지 못하니
드맑은 선율이 어울져
애태우던 가슴이 녹아
폭포가 되어 흐르는구나

뉘우침 많은 주고 간 사랑
사랑의 색깔은 그치지 않고
원색의 물빛만 보이는데

다름이 하나 되는 건
아슬아슬한 외줄타기 같아
건질 수 없는 넋이 영원으로 가듯
맷돌에 갈아낸 앙금 같은 질로
이승에서 증발하여
보이지 않는 저승으로 돌아갈 때까지
뜨거운 눈물과 사랑이
피가 되어
억수의 자장가로
나직이 마음 풀고 잠기리라

난 괜찮아

서럽게 출렁이는 눈물의 잔도
희망으로 방 안 가득 채워진
의욕과 함께라면
난 괜찮아

먼지 털 듯 거짓의 옷을 벗고
상처 투성이로
떠돌이 아닌 떠돌이로
돌고 돌아 쓰러져도
작은 호흡 함께라면
난 괜찮아

더 이상 울리지 않는
초인종이라도
기쁨으로 충만한
바람의 노크라면
난 괜찮아

이게 바로
내가 정한
사상누각의 약속인가

들국화

물 한 모금 입에 물고
노란빛 흰빛
맵시 고운 가는 허리춤 지닌
수줍음 많은 들국화
아무 말없이 세상 비웃지 않고
머리카락을 까치집 져
하얀 이빨 드리우고 마냥 웃는구나
피고 지는 순간을
아무도 기억해 주지 않아도
홀로 핀 너는 향내만 풍기고
사색에 잠긴 너를 앉혀 놓고
차 한 잔에 너의 얼굴 담아
모든 것 잊어버리고
나르시즘에 빠져드는구나
질척하게 젖은 너를 보니
아마도 내 전생은
들꽃이었나 보다

다 짐

마디마디 구부러진 가지들
음지의 잔설들이 뒤엉켜 얼어붙은
추위 깊은 날
여보시오 여보시오
골 물소리 밤새 한숨 새겨 놓으면
싸늘한 어둠을 찢고 달아나는 허무
깊이 깊이 나를 가라앉게 하는 것
그게 무엇인지
갈대 꺾인 내 목을 치켜들고
세상 미운 것들 바라보니
그 속에 나도 있구나
먼지 쓴 대낮
어깨 폭 반쯤 치켜들고
해묵은 고뇌를 묻고
자족과 무치(無恥)가
행복에 필요하다던
디오게네스는 아닐지라도
얼루고 설루어 나를 매달아
동여맨 자에게 벌로 주신
짓눌린 자국을 지우고
추접한 허물 훑어내
허허로운 영혼으로 승화하리라

찻잔

흙의 미소에
세월이 녹아져
탄연(坦然)에 잠기니
바람 탄 매화가
하늘하늘 눕고
은은히 들려오는 가야금 소리에
학의 깃털이 잠기니
머무름도 움직임도 무아지경이니

밑으로 스며져 가면
선인의 장기 두드리는 소리
가슴으로 박히는
선과 악의 의미를
귓불에 이간질해 대고
남을 것 없이 털어내지만
그래도 저는
창백한 양심을 풀어
제풀에 스스로 돌아오는
입술가에 들이대는
체온을 느끼고 싶습니다

카네이션

오월의 그날
내 작은 정성이
어메 적삼에 안겨드린 가슴으로 적신 꽃
격랑의 회오리가 휩쓸고 간 시대에
숨죽이듯이 속을 삭여
사무쳐 울고 핀 카네이션
생명의 박동이 설렘으로 남아
벅참으로 자리 잡은 건
사랑의 메신저로 나의 소망을 전달하여
위대한 사랑을 찬양하였사오니
그대의 이름은 누가 뭐래도
사랑과
당신의 위대한 존경입니다

새벽 향기

찾아든 계절 속에
수심 가득 풀어 제치고
청초한 내음에 창문을 열면
촉촉이 젖어드는 상큼한 첫 이슬에
돋아나는 새벽 향기

동녘을 우러르면
잠든 넋을 깨고
잠재된 기지개를 켜는데
이게 바로 탄생의 축복이었구나

나도 모를 충만함에
무념의 숨소리로
마음 먼저 내닫고
맑은 몸 내몰면
고대하던 삶의 향기가 스민다

빨간 맨드라미

담장 밖 속삭임이
너무 그리워
바짝 귀를 대고 애태우다
빨간 담요 훌훌 싸안고 꽃을 피웠다

일력 한 장 한 장 뒤집히면
여린 꽃술에 취해 떼지어온 벌떼들에
엉치 끝 흔적만 남기고

까까중 삭발한 듯
결 삭은 기둥의 줄기는 녹아 내리고
짐 챙겨 떠난 둥지에 문지기로 남아
바람의 그늘에 숨어 마음 졸이는구나

해바라기

누군가에게
황금투구 머리에 덮어 쓰고
나의 마음 전하려
하늘을 한 줌에 훑치면
천상의 안테나에
사랑이 영글고
기쁨이 피어나
나의 마음 실어간다

멀어져 가는
바람의 등에 앉은 사랑이여
가는 길은 멀어도
너와 나의 마음은 영원하리니
축복의 햇살을 저버리지 말고
고흐의 해바라기 길동무 되시게나

굴뚝새

진정으로
나를 보지 못하면
늘 미안하고 초라하다는 걸 아시나요

황량한 마음을 채우며
당신의 온기를 훔쳤지만
늘 미안하고 초라하다는 걸 아시나요

당신이 하소연을 살며시 풀면
나의 속마음을 날려 버릴까
노심초사하는 심정 아시나요

그래도 당신 곁을 떠나지 못함은
하늘이 지어준 운명이기에
굴뚝
굴뚝
꾸울뚝
가여운 미물이지만
당신 등에 기대고
따뜻한 체온 부비며 살렵니다

갈대 숲

순정의 강가에 서면
요동치며 다가오는 그림자는
긴긴 날 숨겨 왔던
갈대 사이로 나뒹굴고

길 잃은 철새는 슬프지 않아
갈 길 멀어도
너의 손짓 꼬드기니
쉬어간들 어떠하랴

당신의 품속에 안겨
고단한 날개 접으면
여기가 나의 고향 아닌가 싶어
육신이 평화와도 같은 가루가 되어
훠얼훨 날으리

등불

속이 차서 무겁고 단단하여
일그러진 추한 모습
혼불이 켜져
침묵이 열리고 마음 밝히니
진실은 흔들리지 않습니다

진리의 불꽃을 키워야 할 시간
떨리는 두 손 모으고
소망을 담으면
좌우로 퍼지는
몇 고비 우울증이
환희의 진동으로 삭이고

싱그럽게 탐을 내듯
치부를 환히 들어내 놓고
맑은 얼굴로 샐쭉 웃으리

담쟁이

총총걸음으로
길가 소담한 돌담 틈에 이어가는
푸른 금에 모아가는 정성으로
파란 손 올려 손 그늘 만들고
이 길 저 길 살펴보면
아련히 풍기는 다른 얼굴들
더러는 더디 가고
더러는 빨리 가며
이 길인지 저 길인지
그래도 하나 같은 몸짓으로
파랗게 물들이고
얄미운 햇살로 무거워져 견딜 수가 없어
자꾸만 길을 잃고 맙니다
당신은 계절을 찢어내고 돌아서는 길에도
늘 그렇게 그대를 배웅하는군요
그대여
비탈길 더듬어 내리는 허망으로
이우지 말고
지어미 알찬 사랑 빚어내는
담쟁이 당신이 되시구려

제4부

길고 먼 여정

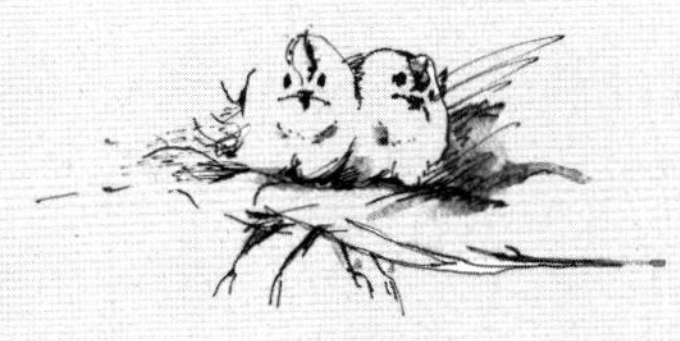

구름아
세상사 슬프다 고개 떨구지 말게나
참으로 긴 세월을 나와 함께 넘어왔으니
너의 개드랑이에 내가 팔을 베고 누웠던 그날처럼
이제 나의 팔을 네게 살포시 내어놓으니
구름아
너와 나 사이에
다시 살 수 있는 힘이 생겼나니
길고 먼 여정을

회상

잠시 고단한 짐
돌베개에 묻었다
남풍으로 불어오는
아카시아 향기 붙들고
세속스럽게 다가오는
지친 나그네

한낮의 뜨겁던 태양이
시들어 갈 때 즈음
남아 있는 삶을 부둥켜안고
길바닥에 나동그라진
고단한 나그네

외롬을 훈장처럼 달고
속세를 털어 버리려
잿빛 신음을 하며
연초록의 풀잎 위에서
미끄러지는 기억을 더듬고 있다

함박눈이 내립니다

함박눈이 온다고
전화벨이 말했다

크고 작은 눈 조각들이
산산 조각난 별처럼 반짝일 때
비로소
그대의 아픈 눈물이었음을
이제야 알게 되었으니

그대와 나의 정 깊은 세월에
거꾸로 매달린 웃음소리 촘촘하게 들려올 때
나의 눈에도 하염없는 눈물이 흐르고 있었으니

절망의 먹장구름이 함박눈 되어
점점이 사랑으로 포개어지나니
저기 저 언덕 위에 나를 다시 오르게 하며
당신의 숨결로 나를 다시 꿈틀거리게 하는

어느 별에서 온 그대의 이름인지
어느 죽음에서 온 그대의 숨결인지

행운의 벨을 타고
함박눈이 내립니다

하늘을 우러러

시인 윤동주는
하늘을 우러러
한 점 부끄러움이 없기를
기도했다
그리하여
그는 가을로 가득 차 있는
밤하늘의 별을 헤일 수 있었으며
시인이란
슬픈 천명인 줄 알면서도
한 줄의 시를 적었다
그는
잎새에 이는 땀내나는 바람에도
시대의 비틀거리는 발걸음으로
달이 붉은 이마에 젖는 괴로움을 당했으리라

나는
하늘을 우러러
한 점 부끄러움이 없기 위해
그리하여
서툰 내 영혼의 삶이
휘청휘청 흔들릴 때마다
창백한 봄 햇살의 기운이

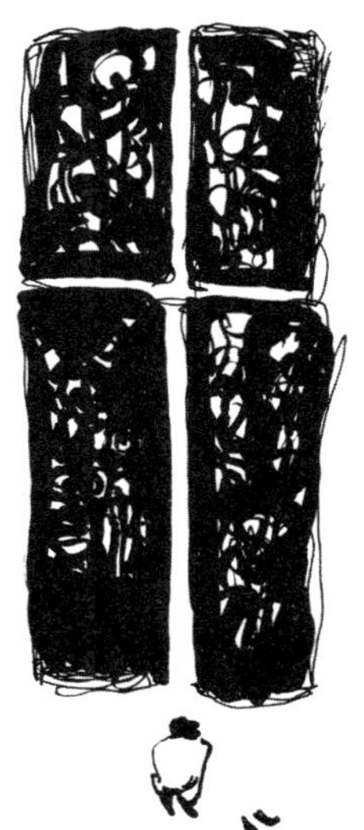

거리마다 무너질 때마다
나는
신발 가지런히 벗어 놓고
하늘을 우러러
기도를 한다
서글픈 생애를 위한
간절한 기도를 한다

침묵 속으로

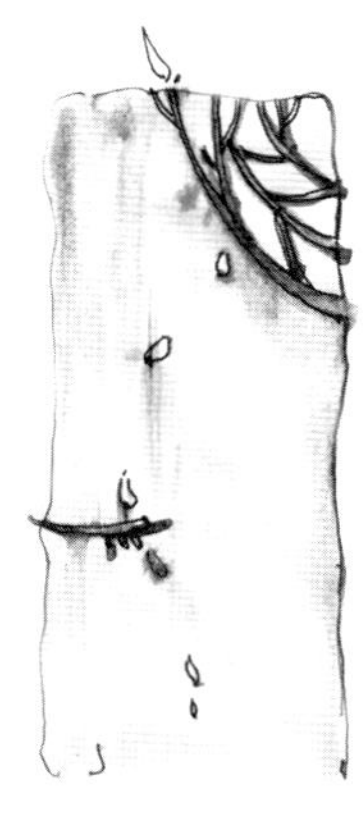

눈길 닿는 곳마다
온통 그리움이다

날마다 하나씩
내 영혼의 꽃잎이 소리 없이 떨어진다

결 고운 그리움이
해질녘 그 어디메쯤에서
속절없이 서성인다

돌아다보니
우리의 삶이
온통 그리움인 걸

한숨소리에 깊어가는
고요한 시름이
어찌 나 혼자만의 길일까 보냐

살다보니
다할 수 없는 얘기가 있고

살다보니

어느 한많은 피눈물처럼
하늘에 맺히고 뭉친 설움이
그 누구인들 없을 것인가

이승과 저승 사이
또 하루
자연과 벗하며

갈라진 심장 사이로
숙명 같은
하늘만 올려다본다

이별

지금 내가 웃고 있는 잠시의 웃음이
그 기억의 어느 곳에서
음악의 선율처럼 떨고 있는
날개 젖은 새의 몸부림이었다면
세상 그 어떤 것이라도
이별할 수 있어야 한다

살아 있는 모든 것이 황폐일 뿐인데
왈칵 쏟아지는 진정한 행복의 웃음은
그 기억의 어디로 흐르는 것인가

망연자실 한 달 내내
암울한 웃음으로 끼니를 때웠다
아무리 깊은 웃음이라도
그것이 살아남은 그 무엇이라 할지라도
도무지 알 수 없는 건
살아 있는 웃음 같지 않다는 것이다

이별의 그 끝은
참으로 먼 곳이었으니
바람소리로 가득했던 그날
그것이 마지막인 줄은 차마 알 수 없었다

선물

아버지가 사다 주신
장난감 하나 받아들고
좋아라 부둥켜안고
잠 못 들어 하던 시절이
나에게도 있었지요
이제는 그날의 기억들이
그리움으로 싹을 틔워
내 머리의 빈 여백을 채워가는
아쉽고 그리운 추억이 되었지요

저기 두둥실 흰구름이
여유자작 하늘에 눕고
봉의산 비탈길에
한 숨 쉬어가는 자연의 바람이
오랜 세월의 등짐을 풀어놓자 하는데

어느 틈에
끼어든 욕심 없는
산새 한 마리
내 영혼을 쉬게 하는
선물이네

산다는 것은

내가 기다린다고 봄이 오는 것 아니고
내가 거부한다고 봄이 오지 않는 것 아니듯이
산다는 것은
세월의 흐름에 어찌할 수 없이
자연의 일부인으로 살아가야 함일진대
사람 틈에 산다는 게
어디 내가 원하는 사람만
어깨를 나란히 할 수 있을까보냐
때로는 적잖이
가시로 찌르는 아픔도 있을 것이고
그 아픔이 다시 약이 될 수도 있을 것이려니
사람한테 의지하지 않고 살아가기로
마음 단단히 먹었음에도
또다시 아파한다는 건
어쩌면 자만일수도 있다는
생각과 함께
그동안 시행착오로 겪어온
꺾어진 눈물의 얼룩들이 스치어 지나고
지나는 바람 한 점이 나와 놀아 주고
이 또한 행복함이니
한 여름날
그토록 목이 쉬어라 울어대는

어린 매미의 마음까지도
알 수 없는 게 세상사인데
그냥 마음이 시키는 대로 살자
아침 안개가 걷히고 드러난
산의 모습이 본능처럼 든든한 걸
저토록 든든한 걸
산다는 것은
중년의 빈한한 저녁 모습이어도
유유히 흐르는 썩은 강물이어도
그래도 가야 하는 것
땅거미 따라 도도히 길을 걸어가는 것일지니

詩는 빈손으로 내게 왔다

우리는
짓무르지 않은 시선으로 바라볼 수 있는 눈과
목소리가 아닌 것으로 말할 줄 아는 입과
버림받은 것들을 담아낼 빈 마음을 가졌다

우리에게 주어진 그것은
꽃의 아름다운 웃음을 전하기 위해
어린 아이의 사랑스러운 눈빛을 나누기 위해

저 하늘의 푸른 어울림과
바람이 나부끼는 들판의 한가로움을
곱게 재잘대기 위해

죽어가는 불씨처럼
희미한 청년들의 열정에
다시금 불꽃을 지피고
노인들의 주름진 가슴팍에
우물처럼 숨은 젊음의 반짝임을
찾아내기 위해

간혹 나의 슬픔과 기쁨
머리를 맞댄 공허함과 고독에 대해

신명나는 넋두리를 하기 위해
詩는 빈 채로 우리에게로 왔다

언제부터인가
나비를 유혹하는 일밖에 모르는 꽃에게
저는 감당도 못할 함의와
골머리 아픈 현학을 쥐어주게 되었는지

내게 주어진 소담한 언어로
세상 모든 순수를 담아야 할
시는
빈손으로
내게 왔다

어머니

나를 업보처럼 끌어안고
당신은 몰아치는 가시바람 온통 맞으며
힘겨운 걸음을 걸으셨습니다

강물 따라 흐르는 눈물로
허덕이는 가난을
꿀꺽 삼키고

스멀스멀 곰팡이처럼
등줄기를 훑는
지긋지긋한 설움의 낮과 밤들

다른 둥지 찾아온 새처럼
오롯한 섬김조차 없이
나는 당신에게 안겨 거꾸로
거꾸로 나아갔습니다

당신의 온기
그 틈바구니를 비집고 앉아
갓난애처럼 잠들던 그때는 몰랐습니다

내가 보지 못한 등뒤로
입 벌린 검은 세상이
얼마나 무서운지를요

얼마나 아픈지를요

어머니
그렇게 당신을 할퀴어온 시간들로
내 가슴은 별을 품게 되었습니다

이제는 내가 어느 밤이든
당신 품에서 건너온 별로 어둠 밝히며
웅크린 당신을 안고서
끄덕하지 않는 세상 속으로
똑바로 걷겠습니다

숲에서도 외롭다

새파랗게 날이 선 삶을 밟고
영영 헤어지지 못할 외로움과 손잡아
너울너울 춤을 춥니다

문득 가슴뼈 사이를 찔러오는 섬뜩한 공허
울컥 목구멍을 타고 기어오르는 끓는 울음이 서러워
너울너울 춤을 춥니다

꽉 찬 타오름으로 내 피를 데우던 것들아
다 어디로 갔느냐 물어도
마주 선 어둠은 대답이 없어
너울너울 춤을 춥니다

스산한 바람이 숲의 허공을 찢는 밤
모두 다 잊고 모두 다 떠나버려 텅 빈 가슴뿐
외로움에 지친 굳은 어깨가 가여워
너울너울 춤을 춥니다

삶

눈부시게 부서지는 햇볕 아래
날이 돋은 아스팔트 끝 모를 오르막길

맨발로 화염을 디디고 뒤척이다가
나는 조금씩 나를 잃어갔다
철없이 부딪치는 구부러진 등으로
비웃듯 미끄러지는 꿈의 먼지들

악다문 잇새로 다시금 뱉어낼 너를 물고
잔뜩 움킨 손아귀엔 곧 잃어버릴 나를 쥐고
빈 허공을 걷어 차는 맨발로
나는 또 한번 나를 디디고 섰다
내딛는 걸음마다 까아만 잿더미다

깊은 심연의 내 삶에서
나는 뒹굴어 흙먼지 폴폴 일어나
온종일 울지만 이 바람 끝으로
지친 불면의 밤은 끝이어라
끝
이
어
라

값진 죽음

누군가를 떠올리고는
스치듯 지나친 꽃무리를
다시 돌아본 일이 있다면
정에 굶주려
찬 바닥에 뺨을 얼린 이들에게
온기 한줌 나눠준 일이 있다면

어디든 나를 필요로 하는 곳에서
허리를 굽혀 일하고 나서
문득 내 사랑하는 사람들의 얼굴로
가슴이 꽉 차 멍울진 서로의 가슴 길을
사르르 풀어낸 일이 있다면

머리 위로 펼쳐진 태양의 품과
빛나는 아름다움으로 끌어안아 오는
세상의 두 팔에 대하여
신께 감사함을 기도한 일이 있다면

그러다가 천수를 다하여 평온한 잠 속에
내가 생을 향해 걸어왔던 그 길을
다시 되짚어 가게 된다면
그 어떤 번쩍이는 삶이 나의 죽음보다 값지랴

발걸음 잠시 멈추고

가볍게 날아오르련다
깃 빠진 틈새로
앙상한 날개 뼈를 감추고
나부끼는 바람의 잔등 위로
소리 없이 미끄러질 테다
가쁜 숨,
폐로 들이치는 공기에
뻐근히 가슴이 아파와도
내 날개 다 못 미칠
저 먼 곳까지 헤엄을 치련다
그곳에 가 닿게 되면
그곳에
가 닿게 되면
발걸음 잠시 멈추고
목이 멘 울음을 울며
내 날개마저 쉬게 하련다

그리움

책장 속 낡은 앨범 속 빛바랜 사진
그 안에 빛바랜 우리의 미소

길 한켠 주인을 기다리는
낡은 자전거같이

머릿속 한켠 우리를 기다리는
길 잃은 추억

마음속 한켠 너를 기다리는
갈 곳 잃은 그리움

책장 속 낡은 앨범 빛바랜 사진
그 안에 고이 접힌 학창 시절처럼

이유 없이 가슴을 설레게 하던
겨울 눈송이처럼

트리 위 고향에 가 닿을 듯
홀로 빛나 내 맘 밝히던 별처럼

넌 나에게
그 누구도 알 수 없는
따순 그리움이다

詩

눈을 뜨면
여느 때와 같은 창백한 허공이
어떤 영감도 뱉어주질 않은 채
똬리를 틀고 있다는 것을 안다
먼지 섞인 울음이
몽글몽글 맺히는 눅눅한 천장
죄악이 깊은 죄수는 묵묵히 생각을 가둬 둔다

고개를 젖히면
휘어진 목울대가 아파오는 사각의 방
머리맡엔 덩그러니 고개 숙인 새벽만
희게 뜬 눈으로 나를 노려보았다
그러나 우리는 하릴없다
굶주린 영혼은 허기를 끼니 삼고
수억만 개의 상념 속에서 죄인처럼
갈 길도 모른 채 詩를 쓴다

詩가 나의 생과 사를 기다리며
뒷골을 쪼개듯이 밀고 들어오는 이 밤에
세상의 모든 것들이 땅으로 쏟아지는
그 황홀한 찰나 속에서
나는 숨이 가쁜 詩를 쓴다

동자꽃

저는 여기에 있습니다
발부리가 차가워 오지만
가르쳐 주신 기다림 따뜻하니
꼭 몸 언 줄도 모를 것 같아요

저는 아직 여기에 있습니다
언제나 돌아오시려는지
앞세우고 오실 그림자 꼭대기만
기다리고 있어요

차라리 발이 단단히 얼어버리면
서 있기가 나을 것만 같다고
부서지는 입김 새로 속삭이며
저는 기다리고 있어요

발바닥이 쪼개져 땅에 박히고
온기 비비던 손바닥엔 풀물 들어
기다리던 그림자 끝이 보이질 않아도
이제 저는 끝없이 기다릴 수 있어요

염원한 것처럼 세월을 밟으며
계절마다 살고 죽는 꽃 되어
이제 저는 기다림에 대하여
아주 배우게 되었습니다

그리운 날들

나는 익숙했다
매일 아침 집을 나서는 걸음, 멈춘 횡단보도 앞에서
우두하니 선 나무를 습관처럼 쓰다듬어 주었다
길을 걷다 낙엽이 보이면 총총 고운 갈빛 징검다릴 건넜다
멀리서 오래도록 연락이 닿지 않던 친구의 얼굴이 보이면
왠지 모를 쑥스러움에 쭈뼛쭈뼛 사람들 틈으로 몸을 숨겼다
깊은 밤 문득 내 사랑하는 사람들을 향한 그리움이
울컥이며 치밀어 올라 한참이나 편지를 썼다 지우며 설레어 했다
조금 멀더라도 나의 나무가 있는 그 골목을 건너
집으로 돌아가는 것이,
쇼윈도 너머 날마다 바뀌는 마네킹들을 눈으로 훑으며 걷는 것이,
내게는 익숙했다

고요하고 아름다웠던 나의 익숙함들
안온하게 빛나던 작은 낭만들
언제부터 땅만 보고 걷게 되었는지
내 나무가 언제부터 밑동만 남게 되었는지
꽃이 피어나고 낙엽이 흩날리는 계절의 오고감에 무뎌지고
누군지 기억조차 희미한 사람의 텅 빈 얼굴을 마주보며
악수를 하고 온통 삶에 긁힌 생채기들로 쓰린 밤,
피곤한 잠을 잔다
끌어안는 법을 잊어버린 두 팔이 번거롭다

퍼석퍼석한 이불 속 나는 미라처럼 말라간다
살기 위한 수분 촉촉한 내 그리움들이
움푹 팬 두 눈 틈새로 끝도 없이 흐른다

매 미

여름이 되면
언제부터 그랬는지도 모르게
어느 틈엔가 매미가 울곤 했다
멍하니 시간을 잡아먹다가
문득 정신을 차리면 맴맴 하고
그것들이 울고 있었다

날이 더워 선풍기를 틀어도
온몸이 불덩이처럼 달구어지는 때
공기 중이 허전하다
매미소리가 들리지 않는다
찌는 듯한 여름을 시원하게 찢어내던
그들의 울음소리가 말이다

너희네들 다 어디로 갔느냐
섭섭한 그리움에 마당으로 나섰을 때
언제 울다 언제 죽었는지 모를 매미 한 마리
돌처럼 굳어 움직이지 않는 매미 한 마리가

우뚝 선 발보다 한참이나 작은 시체를 보며
네 울음 한 번쯤은 들어봐 줄 이 있었는지
누군가 너의 태어나고 죽음을 본 이가 있는지

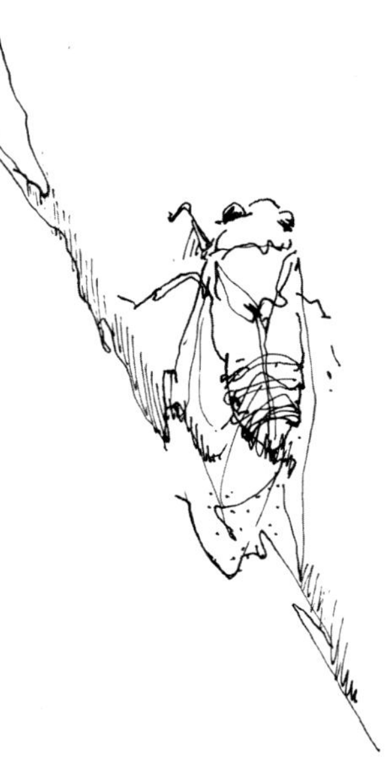

땅 속에서 견디어낸 너의 인내의 시간들을
너는 태어남으로 인하여 보상을 받았는지

내 귓가에 닿지 못한 너의 울음이 가여워
오늘밤 내가 잠을 설칠 자격이나 있는 것인지
아아, 오늘밤은 잠이 오질 않겠구나

산고(産苦)

작은 詩를 낳았다
고것의 꼬물거림이
얼마나 기특한지

너 하나를 세상으로
밀어내어 놓는 것이
이렇게나 아팠다

너 지나온 마음 틈새
벌건 핏물이 흘러도
이 내 맘은 기쁘다

네가 태어남으로
나는 또 감사를 배우고
또 다른 고통을 예비한다

감사함으로

짙푸른 명주치마 곱다랗게
허리께 둘러맨 하늘을 이고
지나온 계절 틈새 소담히 가둬둔
풍만한 강줄기를 디딘다

들이쉬는 호흡이
저마다 경탄이다
곱게 반짝이는 꽃빛마다
봄을 향한 희롱이다

수줍게 입을 다문 꽃봉오리처럼
가장 순수한 경이로움을 머금고
나를 품에 안은 모든 세상에게
무한한 사랑스러움으로 감사한다

인생

나는 허리 굽은 인생이오
구멍 뚫린 뼈다귀가 아프오
까마득한 세월 지나온 살갗 위로
도드라진 등뼈가 폐허처럼 지쳤소

나는 앉은뱅이 인생이오
흙 돌 알알이 박혀 갈라진 발바닥과
구부러진 채 굳어버린 앙상한 다리가
주저앉은 꿈처럼 허망하오

나는 내 누울 자리 찾아
목 가누는 늙은 짐승처럼 처량하오만
삶과 어깨동무하며 걸어온 길목마다
살아 있음의 비명들이 가득이오

나 이제 단 한 줌도 내려놓기 어려웠던
부질없는 짐을 덜어내고 다시 가려 하오
나에게 예비된 소명은 얼마인지 알 수 없으나
전부를 다해 나아가는 것으로 뜀박질을 대신하려오

순간마다 生의 발악을 우짖었던 삶이었소
뒤따라올 수많은 걸음을 앞서 왔소
내 가장 보잘 것 없이 잘게 부서진 눈물로
가엾고 어린 걸음들 위로하려 하오

깨우는 소리

가만히 잠들어 있는 산
작게 벌린 그 입술에 발을 비볐다
이른 새벽 움츠렸던 부드러운 입김으로
어린 잎새 머리칼을 나부끼며 느릿한 널을 뛴다
미처 단장을 못한 어린애 같이 부끄러운 산지에
눈치 없는 이방인이 되어
짐짓 모르는 척 뒷짐을 지고 올랐다가
향긋한 잔소릴 들었다
발끝에 부딪치며 수줍게 야단치는 가냘픈 몸짓
몸짓들이 들려왔다
아주 작은 숨결부터 묵직한 수면을 깨우는 재잘거림이었다
그렇게 산은 습습한 골짜기를 깨우는 소리로 가득 차 있었다

하얀 밤을 지나는 길

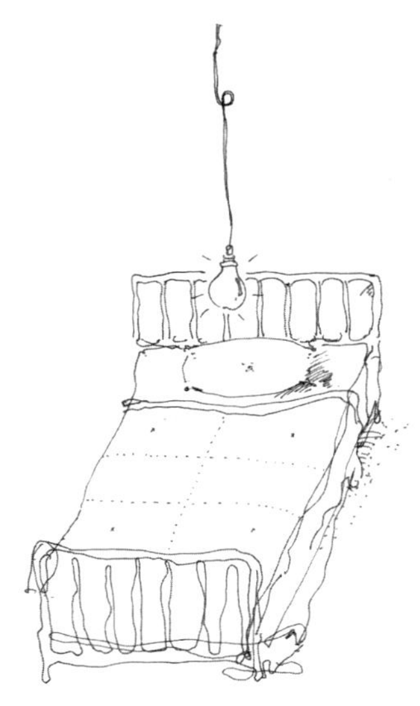

아프다
불면이 수마 대신 몸을 덮어오는 밤
까끄러운 눈밑이 바늘처럼 따갑다
다닥다닥 달라붙는 상념의 찌꺼기들
묵직한 갈비뼈를 두드리며 아가리를 벌린다

아프다
이유도 없이 등골을 쪼아대는
살아온 시간의 서슬 파란 부리들
눈물 한 방울 나지 않는 목멘 울음으로
악몽처럼 새카만 외로움을 달랜다

아프다
태어남으로부터 건네받은 삶의 속박이
환몽의 허름한 구석까지 채찍을 휘두른다
고통과 또한 그것에 대한 이겨냄으로
그게 살아가는 것이라 미련하게 주억거린다

아프다
오늘도 틈 없는 고통에 이름표를 붙여 주고
오지 않는 잠의 옷자락에 손가락 하날 걸고
삶이라는 망나니가 휘두르는 눈 먼 칼날에
발끝부터 아득한 꿈처럼 저미어 간다

헤어지기 전에

언젠가 당신이 나를 떠나게 되거든
그러기 전에 내게 꼭 일러주어야 합니다
나는 아마 몹시 괴로워하겠지만
그래서 더욱 이별에 대해 배워야 할 겁니다
홀로 세상의 침묵을 견디는 일이
내게 얼마나 혹독한 일이 될까요

당신이 혹시 나를 떠나게 되거든
내게 준 모든 것 도로 가지고 가세요
나는 눈물이 많아 오래도록 울겠지만
당신을 다 쏟아내고 난 후 텅 빌 겁니다
당신이 가르쳐 준 외로움에 싫증이 나면
마침내는 그리움조차 잊힐 테지요

당신이 나를 모두 털어내 버리련다 하면
뇌리 속 한 자락 깔린 슬프고 서러운 마음을
당신 허리춤에 매달아 보내렵니다
당신도 나도 모두 다 잊은 뒤
문득 뒤돌아보았을 때 당신 귓가에
그 서글프게 찰랑이는 소리가 닿도록
몰아쉰 한숨으로 그리움을 털어내렵니다

길고 먼 여정

하늘을 돌아 돌아
살포시 내려앉은 구름아
어느 길 돌아다니다
이리도 지치어
내 어깨에 닿은 건가
내가 세상에 상처투성이던 날에
하나님께로부터 선물로 받은 네가
고달픈 먹장구름 내 어깨에 내려놓아도
난 결단코 손 저으며 너를 내치지 않으려니
비록 세상사 칼로 에이는 바람이라 한들
기억의 선을 타고 내 유년의 너를 생각해 보면
하늘을 나는 용의 머리 같다가
하나님 우편에서 그윽한 꿈을 내게 넣어주었더니
구름아
세상사 슬프다 고개 떨구지 말게나
참으로 긴 세월을 나와 함께 넘어왔으니
너의 겨드랑이에 내가 팔을 베고 누웠던 그날처럼
이제 나의 팔을 네게 살포시 내어놓으니
구름아
너와 나 사이에
다시 살 수 있는 힘이 생겼나니
길고 먼 여정을

이제 다시 함께할 수 있나니
생각해 보라
그럴싸하게 살만한 날들이
그 얼마나 남아 있을까보냐
너와 나
지친 영혼을 기대며
길고 먼 여정을 함께해야 하지 않겠는가

기도

주여
당신의 발 앞에 엎디어 울고 있나이다
십자가의 형틀에 매달린 당신의 마지막 고통에
신음하며 함께 울고 있나이다

주여
당신께서 지으신 모든 것이
심히 아름다움만이 있는 것은 아니었으니
때론 싸늘하고 둔탁한 흉기를 가지고
당신의 머리를 내리치는 과오를 범하였으니
부끄러운 의식으로 당신 앞에 고백하나이다

주여
내가 당신을 올바르게 깨닫지 못하는 사이에
당신께선 그 사이에 네 번의 계절을 바꾸시도록
피를 흘리고 계셨으니
한 발 한 발
당신 앞에 무릎을 꿇는 한 세월의 발자욱이
이제는 아득히 머언
우주의 외로운 그믐달같이 희미하기만 합니다

주여

내가 세상의 잣대에서 잘 살아가기 위해
당신의 몸 조각을 갈기갈기 찢어 먹고
포만감에 젖어 있던 나의 흉악한 몸짓으로
겨드랑이를 차고 흐르는 헐떡거리는 눈물로
당신의 발 앞에 엎디어 울고 있나이다
이렇게 엎디어 울고 있나이다

고독

눈을 뜨고 있는데
아무 것도 보이지 않는다

밥을 먹었는데
배가 부르지 않다

녹음으로 무성한
여름의 산이
외롭다 한다

내 기억 가까이서 들려오는
숨소리가 고르지 않다

쉽사리 떠날 것 같지 않은
쓸쓸한 회상

버려진 인생을 주워 담은
고달픈 맛처럼
코끝에 닿는 바람이
매섭기만 한 하루다

자정이 훨씬 넘은 고독이
내 몸 안에 가득 메우고
낙타도 오아시스의 꿈을 꾸듯
나 또한 그 꿈을 택하리

아이들에게

네 작은 어깨춤
품이 남는 옷자락에
촘촘한 희망을 박음질해 두었다

잘못 튄 먹물처럼
거뭇하게 물들었던
그 모든 절망을 온통 씻어냈으니

내게 얽힌 잡동사니
세상사 닥닥 긁어모은 것들
행여 뒤도 돌아보지 말고

오롯한 고갯짓
또한 가벼운 흥얼거림과
살아가는 즐거움으로 가기를…

삶의 길

끝이 없는 달리기를 했습니다
이를 꽉 물고 심장이 터질 듯
아주 오래 헐떡인 것 같아
뛰어온 길 돌아보니
처음 곳이 아련하네요
그토록 발을 굴러 박찼건만
이미 저만큼이나 앞선 사람들이
뒤통수만 내보인 채 앞서 가고
퍽이나 많이 온 줄 알았던 내 길도
뭐 그냥 그냥 갔더이다
우리네 모두 다 똑같지요
앞으로 뛰어갈 길의 끝이 보인다 해도
가는 길은 한 길인데
쉬엄 쉬엄 걸어가도
숨이 턱 끝까지 차오르도록 달려도
눈을 꾹 감았다 뜨면 그게 참 그곳인데
우리는 참으로 짧고 후회가 많은 삶의 길을
가고 있더란 말입니다

고마운 밤을 걷다

휘영청 꺾어진 달의 허리에
내 몸뚱이를 걸치고
새카만 어둠의 장막
금싸라기가 달무리 빛나는
광활한 밤을 건너리

서로 뿌리를 기댄 나무들의
천천히 늙어가는 소리와
발에 차이는 돌들 나보다 앞서
저만치서 부대끼며 구르는 몸짓들
들이키는 호흡마다 삼켜 내리며

안온한 밤의 품
부끄러운 나를 온전히 감추는
그 무엇도 침범할 수 없는 공간
다정한 손길 위로 나는 소리 없이
찬란한 공기를 가로질러 가리라

제5부

시는 얼마나 가난한 언어인가

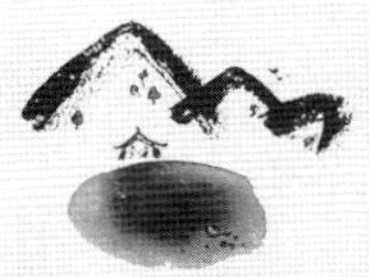

인생의 비바람 속을 걸어온
나의 절실했던 고독한 삶을
붓의 흐름대로 갈피마다 적어내리는
나의 외로운 채찍이 얼마나 빼저리는 건지

그럼에도 불구하고
글짓는 일을 반복하려 하는 나는
나의 詩는 얼마나 가난한 언어인가
얼마나 가난한 언어인가

고독을 달고 떠나는 여행

꽃은 대자연의 품에 안기어
향기로 말을 한다 하니
사람은 대자연의 품에 안기어
마음으로 말을 하지요
세상사 붙들고 있으면
모든 게 허울이요
모든 게 헛헛함이요
끝내는 마음의 병을 얻을 수 있다 하니
반짝이는 하늘 햇살 아래에다

고단한 가슴의 짐을 적당히 내려놓고
태초에 하나님께서
나에게 내려주신 절대 고독을 달고
어느 산자락에 아름다운 모습으로 자리 잡은
저녁노을 닮은 여행을 떠납니다
대우주의 공간 속으로
한 줄의 시를 달고
한 줄의 고독을 달고
무명의 여행을 떠납니다

詩는 얼마나 가난한 언어인가

詩 한 줄을 쓰려고
詩 한 단어를 쓰려고
얼마나 궁색한 머리를 휘돌려야 하는지

자연의 아름다운 풍경을
詩로 짜내려는 나의 머리가
얼마나 곤궁한 탐색을 해야 하는 건지

인생의 비바람 속을 걸어온
나의 절실했던 고독한 삶을
붓의 흐름대로 갈피마다 적어내리는
나의 외로운 채찍이 얼마나 뼈저리는 건지

그럼에도 불구하고
글짓는 일을 반복하려 하는 나는
나의 詩는 얼마나 가난한 언어인가
얼마나 가난한 언어인가

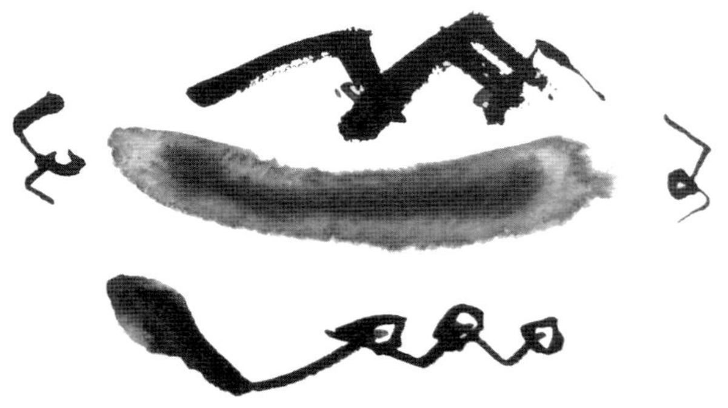

나의 詩

힘에 겨운 신음이
복계산 바람소리와 함께 소리를 낸다
굉음 같은 소리다

아프다고 소리를 지른다
네 발 달린 짐승의 복장터지는 울음소리처럼
그렇게 가슴 먹먹한 울음을 토한다

절벽 같은 나의 붉은 고통이
한밤중에 아우성치듯이
비틀거리며 나의 詩가 된다

* 복계산 : 강원도 철원군 근남면 잠곡리 소재

사랑은 욕심꾸러기

사랑이라는
보기 좋은 이름으로
나는 당신을 구속하려든다는 사실을
너무도 잘 알고 있으면서도
나는 그것을 굳이 사랑이라 부르고 싶어합니다
사랑이라는 허울 좋은 이름으로
당신이 문득 보고 싶어질 때마다
나는 당신의 그리움을 기다리지 못하고
당신이 사색하며 자고 있는 깊은 잠을
나의 잣대로 흔들어 깨우고야 만다는 것을
너무도 잘 알면서도 당신의 의식을 깨우고 나서야
그 이름을 사랑이라 부릅니다
사랑이라는 이름으로
나는 당신에게 대지의 따스한 거짓말을 하며
나는 당신에게 초콜릿 같은 달콤한 말로
당신의 심장을 빛깔 고웁게 물들이려 합니다
사랑이라는 이름으로
나는 당신의 정직한 두 눈에서
굵고 뜨거운 눈물이 하염없이 흐르게 하곤 합니다
사랑이라는 이름으로
오직 사랑이라는 비겁한 이름으로

불면증

먹빛 어둠이 도시를 먹었다
어둠도 허기가 지는 것이다
어둠은
한낮 동안 흐드러지게 피어 있던
꽃들도 먹었고
시인들의 이야기로 목을 축이는
나무들의 심장도 먹었고
깨달음의 길로 흐르는
강물도 먹었다
배가 부른 채 눌러앉은
어둠은
먹빛 하늘의 그믐달은 먹을 수가 없다
그믐달은 내 팔 끝에
초롱하게 매달려 있다
그믐달이
가만히 몸을 흔들면서
어둠의 옷을 하나씩 벗기기 시작한다
새벽이 오기 시작한다
그믐달과 함께 밤을 하얗게 새웠다

봄이라 했다

가늘게 떨고 있는 봄햇살이
生의 걸음마를 하듯이
한 걸음씩 총총 마을 어귀를 돌아
헐벗은 겨울나무 귓볼에
숨결처럼 닿았다
봄이라 했다

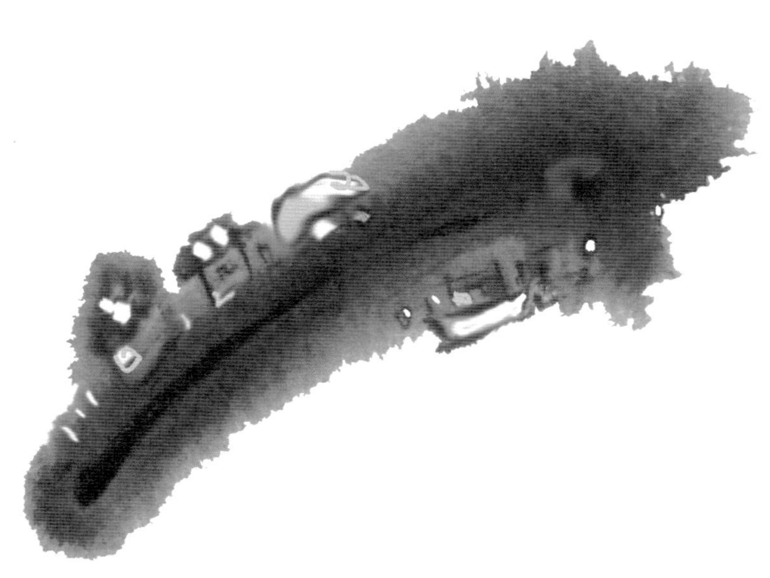

죽음 속을 걷다

목이 터져라
인간사 외로워라

나의 심장을 훔쳐간 자는
어디에 있는가

텅 빈 심장 껍데기가
깔깔 대며 웃는다

검은 환청이 꽃봉오리 열듯이
나를 유혹한다

무거운 고뇌의 시간에서
벗어나라 유혹한다

외톨배기

이따금씩
허허로운 바람이 불어
이승의 침입자들이 검은 손을 내밀 때
나는 그들의 시큰둥한 눈빛을 외면한 채
허기진 외톨배기가 되어
산에 오른다

아쉽게도
사람들은 나더러
이해할 수 없다는 표정으로
유감없이 비수같은 고개를 흔든다

세상의 잣대로 따지고 들자면
나는
어김없는 외톨배기다

그런
세상이 을씨년스럽다

그런 세상의 덫이
구역질 난다

남자라는 이유로

목구멍으로 울음이 타오를 때
그 울음을 주먹 속에다
불끈 구겨 넣었다

초저녁
서늘한 바람이 어깨를 스칠 때
빈 껍데기인 허울을 날려 보냈다

발길 닿는 땅
저 깊은 땅 속에
멍든 가슴도 묻었다

울음도 주먹 속에 구겨 넣고
허울도 날려 보내고
멍든 가슴도 묻어 버렸다

남자는 소리도 감추고
울어야 할 것 같았다
남자는 그래야 할 것 같았다

만남

여름날에

가뭄에 땅바닥 비틀어지듯이
갈증에 허덕이는
나의 가슴에
그대들의 만남은
촉촉한 단비가 되어
내 가슴을 울린다

나의 뇌 속에 덕지덕지 얽힌
검게 묵은 비늘을 떼어 주는
차 한 잔에
오늘도 우리의 만남을 생각한다

자신의 소중함보다
타인을 위한 배려를
기억할 줄 아는 그대들의 마음이여

잘났든 못 났든
남자든 여자든
맑은 영혼으로
즐거움과 환희의 어울림으로
활짝 웃는 미소로 세월에 기대어
허탈한 마음 달래며
돌아오는 따스한 사랑을
전하고자 하는 그대

우리는
인생의 굽이굽이 턱을 넘어
그리도 가기 어려운 길을 가는데
천년을 살아온 도공의 듬직한 손길에서
새 생명의 혼을 얻어
백학의 날개짓으로
웃음을 먹고 사는 그대들의 만남이여

人 生

이봐요
인생은 한날 안개와 같으니
잠깐 있다 없어지는 안개와 같으니
껄껄껄 그냥 웃고 살지요

이봐요
인생은 한 떨기 풀의 꽃과 같으니
잠깐의 영화를 자랑하고 나면
강한 햇살과 한 줄기 비바람이면
행하는 일이 다 시들어 가고 마나니
껄껄껄 그냥 웃고 살지요

이봐요
인생은 당신의 한 뼘 손바닥 같으니
무얼 그리 큰 세상 호령하듯이
허풍을 떤다 하오

살아가려면 긴 인생길 같지만
살아온 길 돌이켜보면
눈 깜짝할 사이 나그네길 아니던가

이봐요

우리의 인생은
어느 날 홍수가 쓸어가면
모두가 그만인 것을
모두가 그만인 것을
아침에 돋는 풀 한 포기 人生이라오

가시나무 친구가 되다

아랫배 움켜쥔
솔향기 진한 웃음소리가
겨울바람 사이로 따뜻하게 흐르던 날

살면서 부딪치고 덧나는 상처를
비로소
자유롭게 뒤엉킨 채로
우리는 스스로를 가시나무새라 했다

내 안에 내가 너무도 많아
당신이 기댈 곳조차 없는
존재의 이유도 모르는
그런
가시나무새였다

이른 새벽,
순수로 흐르는 강물을 보면서

내 안에 흐르는 고독이 너무도 많아
내 안에 흐르는 상처가 너무도 깊어
온몸에 가시가 되어
흐르는 번뇌의 江을 지나

가슴을 달구듯
세상과의 소통을 하며
우리는
적멸의 웃음을 웃었다

빛이 그립다

깜깜하다

도무지 아무 것도 보이지 않는다

전구 불빛에 비춰진 나의 모습을 보았다

나의 영혼이 보였다

깜깜한 어둠을 닮았다

빛이 그립다

복계산 기슭에서

산을 오르되
꼭대기는 잊고
오직 오르는 산

시작도 끝도 없이
텅 빈 산을 홀로 오르는
산사람이 되었소

온통
설레임에 넘쳐 다니다
걸음으로 씻고 오면
또 산이 그리워져
쳐다보네

산은 바람에 취하고
나는 산에 취하여
자, 간다 더 깊은 산의
가슴팍으로 걸음을 옮긴다

* 복계산 : 강원도 철원군 근남면 잠곡리에 있는 산(1057m)

퇴원을 하면서

정릉 산기슭 척병원
환자실에서
짐을 꾸린다

창문 틈으로 새어 들어온
초가을의 싱그런 햇살까지
짐 꾸러미에 싸가지고 나간다

아픈 상처의 기억은
병실의 휴지통에 구겨 넣어 함께 버렸다

이제 다시
나에게 남은 삶의 여정을 위해 떠나간다
정처없이 그 어디론가!

운 명

작은 풀꽃 하나라도 피울 수 없었던
황량한 마음밭에
나와 비슷하게 닮아 있는 운명이
고독한 땅을 뚫고 나와
온전히 실현되지 않을
새 시대의 꿈을 꾼다

이것이 나의 운명이라
다하지 못할 만남일지라도
만물을 진동시키는 희열로
화려하지 않게 너울너울 다가온 운명이
화사한 생명의 언어로
먼 길의 사랑을 노래한다

그 바보

당신께서는
아흔아홉 마리의 양을 두시고
잃어버린 한 마리의 양을 위해
험악한 산을 향해
피와 살을 찢기시며
손과 발톱 닳아 없애시며
애타는 음성으로 울부짖으시는데
바보 같은 소년은
당신의 귀한 사랑을 배반한 채
안개와 같이 보이지 않는 인생을
허우적이는 뻔뻔함이라니
철망을 제 집 삼아
언제부터인가 그 집에 홀로이 젖어
철망 밖으로 나올 줄 모르는
바보 같은 소년은
당신을 향한 귀한 첫사랑을 기억하며
언제쯤이면 다시 곤고한 마음으로
되돌아오려는지
그 바보가
바로 나인 걸
그 바보가
바로 나인 걸

기다림

병실 한 구석 모퉁이에
미련을 버린 듯 누워 있는 나는
삶의 벼랑 끝에 매달려 있다

어디선가 들려오는 소리가 있다
예민한 나의 귀가 소리를 모은다
누굴까
파르르 떨리는 나의 기대는
시름시름 허공으로 흩뿌려지고

하루 종일 발자국 소리만 세다가
오늘도 실없이 잠을 잔다

슬픈 거문고

슬픈 거문고를
가슴에 달고 사는
사람이 있었지요
그 사람은
번뇌의 흑백 날개를 달고
가슴 먹먹해져 올 때면
일곱 줄의 슬픈 줄을 퉁기며
마음을 달랬지요
거문고 첫째 줄은
아득한 하늘 아래
돌아보면 늘 혼자인 자신을 위해
거문고 둘째 줄은
주인 없는 마당에
몸서리치게 서글피 떨어지는
붉은 목련 꽃잎을 위해
거문고 셋째 줄은
하루 일을 마치고
안간힘으로 서산을 넘어가는
서러운 저녁노을을 위해
거문고 넷째 줄은
비좁은 현실에 헐떡이는
겨울날의 아픔을 위해

거문고 다섯째 줄은
마주선 기찻길의 평행선을 달리는 너와 내가
같은 길을 갈 수 없는 시린 발목을 위해
거문고 여섯째 줄은
부서지는 봄햇살에 조르륵 떨어지는
이유 없이 눈물나는 슬픈 허상을 위해
거문고 일곱 번째 줄은
그 사람의 슬픈 울림의 퉁김으로
섬뜩하게 다가오는 죽음의 감촉을 위해
슬픈 거문고 한 줄을 더 매달고 살아
슬픈 거문고 일곱 줄을 가슴에 달고 사는
그런 사람이 있었지요
그런 사람이 있었지요

이별

어디에서 왔는가
지친 영혼의 그리움을 일어나게 하는
사랑했던 사람

그리움이
파문으로 퍼져나가는
혼돈의 세상

살면서
가슴 아픈 사랑과 이별을 한다

삶의 무게에 눌리고
보고 싶은 그리움에 가슴 저리고
이별이라는 아픈 말에 밀려
내 가슴을 후벼 내리는
성급했던 이별

한줌의 재로 남아
이별이라 하며 떠나버린 당신의 길에
그리움 듬뿍 뿌린다

기도

나의 허물로 인하여
당신께서는 심한 찔림을 받으셨으니
나의 죄과로 인하여
당신께서는 고통의 찢김을 받으셨으니
나를 사랑하시는 주여
당신께서 십자가에 달리실 때
햇빛은 바람에 헝클어져 심히 어두웠나니
나의 고집과 자존으로 인하여
당신은 얼마나 많은 고독의 몸부림을 치셨습니까
당신의 부릅튼 입술로
나의 이름을 간절히 부르셨을 때
나는 당신을 세 번씩이나 부정했던
베드로였음을 어찌 부정하리요

그러나
당신은 내 삶의 멘토였음을 고백하나니
예루살렘의 거룩한 성에서
호산나!
당신의 이름을 다시 부르겠나이다
롯처럼 사람을 따르는 자가 되지 않고
마침내 아브라함처럼 가나안 땅에 들어가는
섬세한 기도의 길을 열어 놓겠나이다

오늘이 마지막처럼

오늘이 마지막처럼
삶을 살아가기 위해
서랍을 정리하고
서류를 정리하고
신발을 정리하고
달려온 어제의 시간을
되새김질한다

죽기내기로 살아온
나의 어제까지의 생이
그 어느 날
아침 이슬같이 사라지리라

내 삶의 무수한 굴곡이여
내 삶의 부딪치는 파도여

거뜬히 생을 걸머지고
준비하리라
오늘이 마지막처럼

– 춘천 우두동 사무실에서 커피를 마시다

웃을 수가 없습니다

나이가 들어가면서
12월의 마른 나뭇잎처럼
나의 웃음이 말라가기 시작합니다

나이가 들어가면서
해맑은 웃음을 웃던 때가
이제는 아득한 옛기억이 되어 갑니다

말똥이 굴러가는 모습 하나만으로도
순수하게 까르르 착한 웃음을 웃을 수 있던
그날들이 사라져버린 지도
이미 오래된 기억이 되었습니다

할머니가 연탄불에 떡을 구워주시던 그날
어머니가 손수 밥을 지어 주시던 그날
냇가에 멱을 감던 그날
추운 겨울에 썰매를 타던 그날
쥐불놀이를 하며 옷을 태워먹던 그날

그날들이 다시는 돌아올 수 없다는 게
서글픈 일이란 걸 알면서도
나는 웃을 수가 없습니다

다시는 그렇게 웃을 수가 없습니다

자전차포

춘천역 가는 길가 골목길에서
눈에 띄는 낯선 건물을 보다가
고향 닮은 가슴 뭉클한 간판을 만났다
매양 촌스럽기 그지없는 색깔에다
덕지덕지 붙어 있는 먼지에다
세월의 상흔처럼 긁혀진 철판에다
간판 틈 사이로 기어오르는
거미의 발버둥이 보인다
이상한 일이다
먼 기억의 고향을 만난 듯이 사뿐 마음이 정겹다
도시의 화려함과 현란한 네온의 불빛에
익숙한 나의 눈빛이
자전차포 간판을 보자 화끈 낯이 부끄럽다
별을 사랑했던 어린 날의 기억이 새록 떠오른다
어릴 적 동네 아이들의 발그스레한 웃음이 흐른다
아이들과 함께 뛰어놀다 어둠이 내려오면
달을 좇아 집으로 돌아오던 신작로 길에는
삐뚤빼뚤 어설프게 내건 간판들이 더듬거리고 있었다
그 이후로,
여러 날이 지나고
여러 해가 지나고
어느 먼 산을 바라다보는 나의 머리는

어느새 흰머리가 외로움과 함께 내려앉기 시작했다
마치 진실처럼 매달려 있는
촌스럽기 그지없는
빈집의 자전차포 간판에서
한참을 그렇게 우두커니 바라다보았다
아득한 시간으로 되돌아간 것 같다

동해바다

바다에
동해바다에
저녁 어둠이 내릴 때
서둘러 고기잡이 떠나는 배는 분주하다

바다에
어둠이 내린 동해바다에
오징어 배들의 불빛이 총총히 늘어서 있고
바다는 감정에 복받치는
울음을 운다

시린 겨울바람을 이겨내는
어촌 마을의 시장은
남들보다 일찍 깨어나 있다

바다 사람들의
질퍽한 삶이 묻어 있는 곳
동해바다는
그냥 그대로 애증처럼
옛일을 추억하듯이
이름 모를 生들을 가슴에 품고 산다

착각

외로운 영혼들이
구천에서 떠돌다가
하나 둘씩 발악하며 달려들어
어둠의 깊숙한 강을 건너가 자리한 자리
어찌 이네들과 함께
나의 슬픔을 나눌 것이며
어찌 이네들과 함께
나의 웃음을 공유할 수 있을까
심장 깊숙한 내면의 고혹한 아픔이
마른 눈물로 흐르고
밴드에 맞추어진 찬란한 불빛 아래
현란한 몸부림으로 눈길 모으는
길길이 숨가쁜 춤을 춘다 한들
어찌 보이지 않는 나의 색깔이
다른 색깔의 눈꽃으로 바뀔 수 있으리
잘 살아가기 위한 푯대는 어디에 있고
잘 살아가는 방법의 원칙은 어디에 있는가
와르르 무너지는
내 착각의 바람이 기어이 울고 있다

행복은 마음에 있는 것이더라

사람의 눈은 세상을 보지만
영혼에 있는 눈은
나를 바라다본다
담을 줄 알기에
하얗게 비울 줄 알아야 하며
비우는 것을 보여야
그렇지 못한 이들의 눈을 본다

자신을 돌아볼 줄 알며
세상의 미움도 벗어놓고
가족과 이웃을 사랑하며
인생의 빛과 어둠을 지나
고통의 이랑을 덮고
내가 이 땅을 떠나가는 날
물처럼
바람처럼
허허 웃다가
그렇게 둥글게 살아가다가

얘들아
행복은 마음에 있는 것이더라

산에 오르다 · 1

산에 오른다는 게
어디
구름 타고 둥둥 떠다니듯이
발걸음 가뿐하기만 하더이까

되돌아 내려가고 싶어
몇 번씩이나 뒤돌아보고
헐떡이는 심장의 고통 소리

산에 오르니
인자요산 지자요수로구나

실오라기 걸치지 않은
우유빛 구름이 있고

물결처럼 출렁이는
풍성한 숲이 있으니

인생은 공수래공수거
남는 것은 남루한 육신뿐일진대

초록으로 눈짓하는
산이 있어
오늘도 나는
산에 오릅니다

산에 오르다 · 2

그렇다
산은
어느 누가 찾아와도
나 몰라라
고개를 돌려 외면하지 않는다

산에 오르는
한 걸음 한 걸음에
인생을 담아 지고 간다

여름날이면
푸르름을 닮은 땀방울이
비오듯이 쏟아지고
겨울날이면
헐벗은 나무와 같이
손발이 꽁꽁 얼어 터진다 해도
여전히 나는
산에 오른다

머리 위로 파란 하늘을 이고
풍성한 초록의 숲을 오르다 보면
우주의 질서 속에

하나의 미물로 살아가는 나의
낮은 모습만을 발견한다

그렇다
산은
세상사에 덤덤히
초연할 수 있는 법을 가르친다

산다는 거야

삶이 허무하다고
종종걸음을 치듯
발버둥을 쳐본들
목마른 혀끝 하나 축일 수 없다는 게
산다는 거야

별처럼 빛나서
지나간 뒷모습의 과거를 잊지 못한다 한들
아뿔싸! 또다시 되돌이킬 수 없다는 게
산다는 거야

거울을 보면서
희끗한 머리새를 만지며
내면의 타오르는 욕망을 내려놓지 못한 채
현실의 시뻘건 불구덩이로 몸통을 내던져 놓고야마는
그렇게 반은 정신줄을 놓은 채
껄껄껄 반미치광이처럼
고집스럽게 살아가는 게
산다는 거야

어릴 적 파릇파릇 꿈을 꾸던
하늘 높았던 꿈은

어른이 시작되면서 이미 사그라들기 시작하고
양면의 동전 뒤집는 것마저도
내 멋대로 잘되지 않아
먹장구름만 가득 덮여진 하늘을 올려다보며
한 줄기 소낙비만 애타게 기다리는 게
산다는 거야

산다는 것은
다 그런 거야

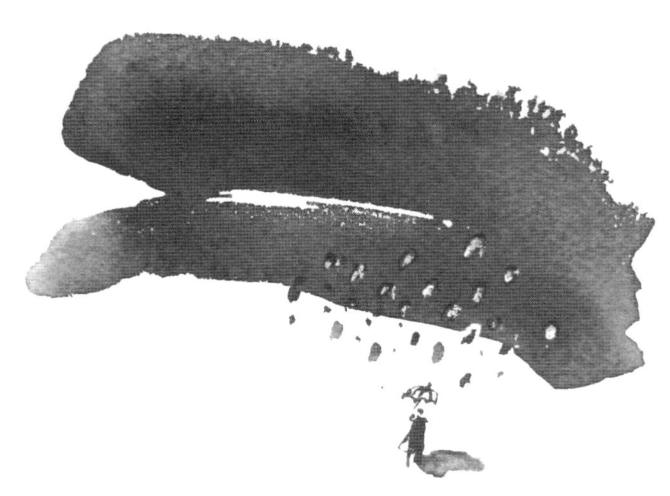

그 어느 生

시나브로
시간은 흐르고
세월도 흐르고
차마 붙잡을 수 없는 生
어차피 돌아갈 수 없어 애만 끓는 生

내 고단한 몸을
질척한 땅에 기대고 눕는 날이면
나의 육신은 곰팡내 푹푹 내며 썩어져 가고
나의 발가락부터 차례 차례
눅진한 벌레들에게 뜯기우겠지
나의 허벅지는 일몰의 까마귀 떼가
허기진 목마름으로 핥고 지나갈 거야
그리움으로 신음하던 나의 심장은
하루 동안은 빛깔 좋게 떨고 있을까

그날이 오면
투명한 태양이 찬란하게 쏟아져 내리겠지
나는 이승이 아쉬어 뒤돌아보지 않고
불투명한 어둠 한 조각 입에 물고
중독된 그리움도 날려보낼 거야
망각의 푸른 바람이나 되어

천지 가득 훨훨 날아다닐 거야
아니다 아니다 아니다
제 목숨을 다하고 떨어지는 별동별 따라서
차가운 돌덩이가 될 거야

박하사탕

나비 따라 춤을 추듯이 할머니의 모습이 그러했다.
쭈글쭈글한 할머니의 얼굴에는 늘 그렇게
깊은 골의 주름이 자리했지만
적어도 나를 만나 미소를 짓는 할머니의 모습은
나풀나풀 하늘을 나는 어린 나비 같았다.
철원의 방주마을에서 내가 만난 할머니는
늘 그렇게 나비 같았다.
구부정한 허리로 요즈음 젊은 것들의 행태와
세상의 변화무쌍에 혀를 끌끌 차시는 할머니를 만날 때마다
나는 할머니의 차가운 손을 덥썩 잡아드리곤 했다.
어느 날
나무껍질처럼 거친 할머니의 두 손이 나를 꽉 잡으셨다.
나의 손에는 꼬질꼬질한 박하사탕 하나가 놓여 있었다.
나는 그저 쥐꼬리만한 몇 푼어치 쥐어드렸을 뿐인데
할머니는 할머니가 갖고 있는 삶의 애착까지 담아
껍질이 다 헤진 박하사탕을
나의 손에 꼭 다물어 주셨다.

삶

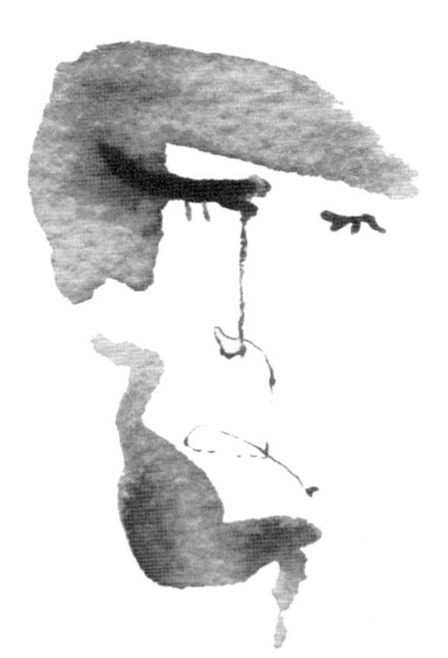

죽지 못해
살아간다는 것이 무엇인지
당신들은 알고 있습니까

죽을 힘을 다해
살아간다는 것이 무엇인지
당신들은 알고 있습니까

떨리는 손으로
삶의 티끌까지
모아 모아

하루를
또 하루를
적적하게 살아간다는 게 무엇인지
당신들은 아십니까

스멀스멀 기어나오는 기억들까지도
입술 타들어 가듯이 말라가는 하루를
세월 감듯이 살아가야 한다는 것을
당신들은 아십니까

내가 죽는다면

내가 죽는다면
누가 와서 울까
누가 와서 웃을까
누가 와서 오래된 풍금 소리마냥
슬픈 시 한 수 읊어줄까

아니다
뭉크의 그림처럼
바짝 마른 두 팔을 머리에 감싸고
그냥 쓸쓸한 휘파람 소리 내며
홀로이 떠나가면 그뿐인 걸
홀로이 떠나가면 그뿐인 걸

나 죽은 후에
그 어느 누가 와서
세상에서 가장 슬픈 어조로 노래한다 한들
그 모든 것이 다 무슨 소용 있으리요
그 모든 것이 다 무슨 소용 있으리요

어둡고 눅눅한 나의 여린 손끝이
내가 살아온 허기를 하나씩 지우며
손가락 사이로 찬바람만이 휭하니 지나간다

수술을 하다

아직은
한창일 내 나이에
또다시 수술대에 올라야 한다
방울방울 떨어지는
링거의 떨림이 어이없다

내 생의 마지막이 이러한 모습이라면
썩은 동앗줄에게라도
간절히 매달리고 싶은 것일까

오십 년이라는 세월을 살아온
중년의 얼룩진 기억들이
목구멍 사이로 기어올라
가슴이 뭉클하다

외로움으로 굳어진
하얀 샹그리에의 석고상을 본다

그가
내 모습을 닮아 있다
눈물이 왈칵 쏟아진다

침묵

침묵을 지킨다는 것은
때로는
용기 없는 행동이라고
당신은 나에게 말을 합니다

그러나
여느 때처럼
나는 침묵을 하려 합니다

자꾸만
쓰러지는 저 세월 앞에서
자꾸만
허기지는 가슴을 쓸어낼 수가 없어서
자꾸만
무거워지는 어깨의 짐이 힘에 겨워서

더 이상
해야 할 말들이 없기에

그냥
그냥 이렇게
침묵으로 대꾸합니다

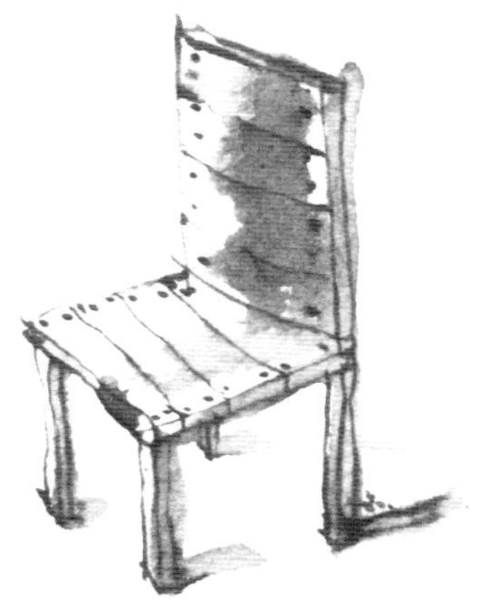

두려움

두렵다
내가 두려워하는 것은 무엇일까
세상에 등을 지고 살기로
단단히 맘먹은 질긴 내 마음이 두렵다

사람들 틈으로 비집고 들어오는
나의 숨소리가 사정없이 거칠어 올 때마다
아무 것도 모르는
한 마리 외로운 새가 되는 것이
두렵다

먹먹한 어둠 속에서
한 줄기 새어나오는
전등 불빛의 냉정한 침묵이
하도 외로워
몸서리가 쳐지도록
두렵다

두렵다
물씬물씬 풍기는
세상사의 시뻘건 기억들과
세상사에 적잖이 익숙하지 못하는
나의 시선이 두렵다

선택

자유와 사랑
들끓는 마음이
밤물결같이 수런을 떤다

자유도 선택이고
사랑도 선택이다

자유는 그윽한 삶의 향기이다
사랑은 덩실덩실 신명나는 구속이다

사랑을 취하면 자유를 잃어야 하는 것
어찌 자유하며 사랑을 가질 수 있으리요

사랑은 순식간에 유감없이 나를 잃어야 하며
자유는 한가한 봄날의 적막을 깨고 하늘을 나는 새다

사랑은 강물 위에 나란히 잡은 손목이며
자유는 내 생의 한나절을 꿈꾸는 팔베개다

바람이 솔밭 잔가지를 흔든다
나의 선택을 살짝 내려놓고 왔다

혼자 걷는다

죽음과 삶을 나란히 쥐고
혼자 걷는다

한 손엔 죽음을
다른 한 손엔 삶을
같은 무게를 달고
혼자 걷는다

세월의 풍상에 걸어온
소나무 틈 사이
굴곡진 길에서

땅을 울리는 기도를 하며
나는
혼자
걷는다

거짓말

오늘밤을
푹 자고나면
세상은 달라져 있을 거라는
생각을 하면서
나는 잡념의 잠을 잔다

아침이면
또다시
같은 일상의 반복으로
어제와 같은 삶을
똑같이 살지라도

나는
매일매일

거짓말 같은 일상에
번번이 속으면서도

오늘밤을
푹 자고나면
세상은 달라져 있을 거라는
막연한 거짓말 같은 믿음을 가지고
어제와 같이
또다시
나는 환영처럼 잠을 잔다

제6부

내 삶의 모든 순간마다

내 삶의 모든 순간마다
오직 당신만을 의지하길 바라오니

광야 같은 나의 삶에서
무거운 짐을 몽땅 내려놓고

나 이제 당신의 품속에서
편히 쉬고 싶으니

이정표

겨울이 다 지나기도 전에
성급한 봄비가 내린다

떠돌아 한기를 느끼는 겨울바람이
고독한 불면으로 밤을 지새우며
여린 자작나무 끝에 자리한 채
계절의 바뀜에서 서성이고 있다

삼월의 봄비가 내리는데
아직도 겨울을 보내지 못하는
얼음을 가슴에 안고 사는 듯한
시려운 삶을 나는 살아가고 있으니
내 안의 이정표를 잃고
한치 앞도 볼 수 없는
살점 에이는 칼날 같은 바람에
아무런 대꾸도 할 수 없이
속울음만 탄다

오늘도
고고한 척
또 하루를 살아가야 하니
존재의 의미도 없이
이정표를 잃고
그저 봄비만 촉촉 내린다

거울을 보다

거울에 비친 나의 모습에
아!
까맣게 잊고 살았다
쭈글쭈글 제멋대로 골이 파인 인생의 줄이
자기중심적인 심술보가 되어 있다는 것을

거울에 비친 나의 모습에
아!
깡그리 잊은 척 외면하고 살았다
반짝반짝 빛나던 맑은 두 눈이
이제는 세상사에 탁해진
향기마저도 하나도 흐르지 않는
썩은 눈깔과 같다는 것을

겨울바람에 흔들리는
발가벗은 겨울나무의 끝자락이
나의 구역질나는 모습보다
차라리 낫다는 생각이
자꾸 드는 것은, 아마도
거울에 비친 거무티티한 내 모습이
사유의 깊이가 각혈하며
죽어가고 있다는 것이다

분서(焚書)

철원에서 내가 걸어온 삶을 정리할 때마다
내 안의 영혼이 헛헛할 때마다
걸음마 같은 시를 썼다

어느 날, 그것마저 덧없다 생각이 드는 날에
몇 년 동안 모은 글을 모두 태웠다

내가 사는 것조차
내가 생각하는 것조차
천덕꾸러기처럼 느껴져 올 때면

어둠이 옷을 벗기 시작하고
새벽별이 눈에 들어올라치면

길바닥에 나뒹구는 아이처럼
외로움을 담은 울음을 울다가
늦은 잠이 들었다

다시는 시를 쓰지 않으리라는 생의 언저리가
나에게도 있었다

아마도

나의 뼈와 살과 영혼까지도
몽땅 태우고 싶던 아프던 기억이다

그렇게 시를 버리고
몇 년의 세월을 버린 줄 알았는데
내 마음 구석진 곳에는
엉겨서 꼭꼭 싸매어진 시가
다시 일렁이고 있다

그리운 바람 타고

시간을 거스르다가
세월을 거역하다가
발길을 멈추고
보물 같은 산장을 만났다

자태가 곱고
초록으로 몸을 비비는
아름다운 산장에 오니
사랑하는 나의 가족들과 함께
시간을 보냈던 행복한 기억이 떠올라
한참
눈을 감았다

세월의 문에 갇혀 살아온
시간들이 아쉽다

쓸쓸한 바람이
지난 세월을 불러왔다

그립다
모두 그립다

그리움이 바람 타고 왔으니
모든 것이 그립다

나의 가족이 그립다
나의 가족이 그립다

무소유

나 자신이 나를 죽이고 싶을 때가 있었다
내 살갗에 점점이 박힌 검은 솜털 하나까지도
나의 고단한 외로움이
골똘히 자라고 있다는 것을 알았을 때
겨울바람에 흔들리는
발가벗은 겨울나무에서
사유의 깊이가 각혈하며
죽어가고 있다는 것을 알았을 때
아마도 깨어나지 못하는
나의 무덤 같은 마음과 같았으리라
죽음의 그 언저리에서
내 온몸이 몸서리치고 있다
어느새 어둠이 무소유를 달고 왔다

내 삶의 모든 순간마다

내 삶의 모든 순간마다
오직 당신만을 의지하길 바라오니

광야 같은 나의 삶에서
무거운 짐을 몽땅 내려놓고

나 이제 당신의 품속에서
편히 쉬고 싶으니

내 삶의 모든 순간마다
당신께서 내 중심에 계시길

내 삶의 모든 순간마다
당신께서 내 인생의 주인이 되시길

내 삶의 모든 순간마다
당신께서 내 삶을 온통 책임져 주시길

메마른 대지 위에 단비가 되시고
불면의 밤을 위해 단잠을 내리시는

그리하여
당신은 내 삶의 모든 것입니다

봄, 너로 인하여

겨울의 찬바람을 모아둔 겨울나무는
때를 만나 빛을 보는 날을 기다리다
봄햇살의 연둣빛 물을 끌어 올린다

겨울나무는 찬바람을 이겨내는 힘을 쏟아내고
시퍼렇게 떨고 있는 어깻죽지에 기대어
꽃순 같은 봄날을 기다리고 있다

겨울나무의 허기진 잔등에
따사로운 향기 피어오른 꽃잎이여

추운 고독과 시려운 먼길을 돌아온 겨울나무는
오롯이 그대
너로 인하여
긴 밤의 고독과 무덤 같은 슬픔도 지나갔어라
다아 지나갔어라
너로 인하여
너무도 고마운 일이어라
너로 인하여
다아 지나갔어라
다아 지나갔어라

이별이 詩를 낳다

긴 밤의 괴로움이 시를 낳았다
긴 밤의 외로움이 시를 낳았다
긴 밤의 서러움이 시를 낳았다
긴 밤의 그리움이 시를 낳았다

별이 흐르는
긴 밤의 이별이
詩를 낳았다

사과한다는 것

사람이 살다보면
사랑하는 사람을 만나게 되나니
사랑하는 사람이
친구가 되고
애인이 되고
아내가 되고
자식이 되고
가족이 되고
자주 만나 익숙해질수록
사람 관계의 올과 올의 실타래는
때론, 더 무성하게 엉킬 수도 있으며
가슴의 망가진 상처로
알 수 없는 눈물도 흐르고
까칠한 입김으로
보이지 않는 돌도 던지고
그리하여 먹구름의 세상에서
가슴을 닫고
어둔 밤의 긴 터널을
걸어가게 하지 않던가
하지만 목마른 고통의 줄기에
함께 피워내는 따사로움이 있으니
사랑하는 사람에게 가슴 찡한 것은

혹독한 추위에 몸살을 녹일 수 있는 것은
나의 오만과 허울을 벗어놓고
넉넉한 사람 냄새나는 알몸으로
그래도 나의 잘못을 진심으로 사과하는
사랑하는 사람의 가슴에 새겨지는
고운 사과를 하는 말 한마디가
한 모금의 산뜻한 청량제쯤 되지 않을까

아이들에게
–천년을 빚어 만든 인형

아이들아,
올해는 유난히도 봄이 더디게 온다
아마도
냉혹하고 차가운 겨울바람의 시련을
잘 견디어 내라는 뜻인가 보다
아이들아,
사랑하는 내 아이들아
떨리는 두 손으로
너의 심장을 만져본다
하나님께서
천년을 빚어서 만들어 준 인형이
바로 너희가 아닐까 싶다
슬픈 일이 있을 때 같이 하면
반으로 줄어 들고
기쁜 일이 있을 때 같이 하면
그 기쁨이 두 배로 는다는데
아이들아,
내가 정말 좋은 일이 있을 때
나의 심장과 같은 느낌으로 좋아할 수 있는 거니
이제 흰머리 숭숭한 힘없는 아빠가 되어
야수의 빨간 이빨을 드러내는 인간 세상이 무서워
알몸 내뒹굴며 무서워 떨고 있을 때

너의 따뜻한 눈빛에 아빠의 지친 몸을
담궈도 되는 거니
하나님께서
천년을 빚어 만든 인형
내 아이들아
사랑하는 내 아이들아
그래도
그래도
정말
정말 괜찮은 거니

山房에서

가을향이 코를 유혹한다
한들한들
가을 코스모스가
외로운 몸부림을 한다

가을바람이
나를 흔든다

하나씩 하나씩
바람의 줄기에
티끌만한 먼지까지
내리고 싶다

가을 코스모스가
외로운 몸부림을 하며
아름다운 자연의 몸짓을 한다

나도 따라
발가벗은 자연의 몸짓을 배운다

어둠에 그림을 그리다

까만 밤
혼자이다
이 밤이 나를 훌쩍 삼키려 든다
아무리 허우적대도 깜깜한 어둠뿐

별 하나 없이 외로움이 깊은 밤
창밖 도시의 불빛에 반사되어
검게 드리워진 나의 초라한 모습을 벗기며

세상에 흐려진 나의 두 눈을
깜박거려 보지만
나의 허상에 다시금
나를 가두고 만다

탐욕의 밤이 강물 위로 흐르고
사랑이라는 순수의 별빛으로
깊은 밤하늘에 유성처럼 뿌려본다

어느새
새벽을 부르는 바람소리에
속절없이 허공을 서성이는
나의 모습을 그려본다

방주마을에 밤이 깊다

깜깜한 어둠이다
별들의 빛이 예리하다

두렵다
적막하다
숨고 싶다

개가 짖는다

잠을 잔다는 건
살아 있는 죽음이다

내가 죽어 있는 모습을
아무도 모른다

가장 고독한
나의 모습을
가장 외로운
나의 모습을

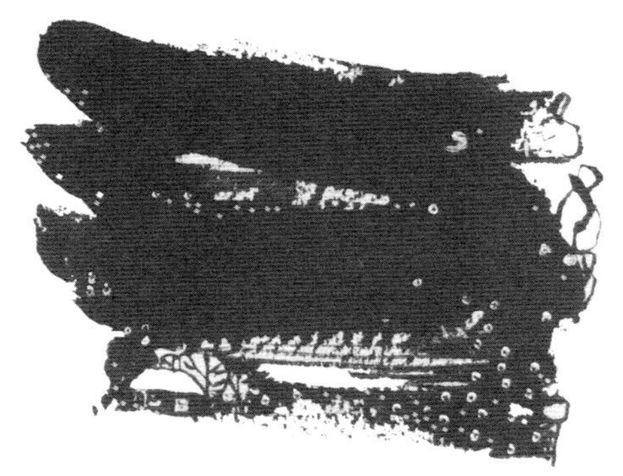

그립다 말을 한들

영영 돌아오지 않을
그냥 그렇게
속절없이 떠나가신 당신
당신이 그리울 때마다
내 가슴에 묵묵히
채찍으로 다가오시는 당신

내 눈가에 흐르는
젖은 눈물 고개 사이로
아직도 그리움이 흥건한데
오월의 수선화가
당신의 무덤가에서
반쯤은 바람에 찢긴 채
고단한 생을 떠받치고 있는 오늘

하늘과 땅 사이에서
사유의 흐름에 몸을 맡기고
내 눈은 눈물로 가득한데
이제 나의 머리가 반백이 되고 보니
당신과 나의 얼킨 실타래를 손질하며
당신의 뿌리 깊은 향기가 무척이나 그립습니다

웃고 있는 사진을 보면 슬프다

사진을 보다가
웃고 있는 사진을 보다가
돌아올 수 없는
그날의 기억이 서글퍼
눈물이 난다

사진 속의 아버지는
활짝 웃고 있는데
사진을 보고 있는 나는
눈물이 난다

사진 속에서
웃고 있는 아버지가
돌아올 수 없어서
사진을 보고 있는 나는
눈물이 난다

아버지가
웃고 있는 사진을 보면
눈물이 난다

자화상

불어오는 바람이 아직은 차갑다
사람과 사람 틈 사이에
성급한 봄햇살이 비집고 자리했다

강둑길 가운데를 나란히 걸어가는
사람과 사람 틈 사이로
푸른 강물이 하늘을 끌어안고 춤을 춘다

외로운 사람의 시린 어깨가
고독한 사람의 떨리는 가슴에 닿아
겨울에서 봄으로 오는 길목이 부산하다

검은 웃음 흐르는 강물 위로
날개짓을 하는 물오리는
야윈 모가지로 가쁜 숨을 몰아쉬며
무슨 생각을 하는 건가

세상과 맞닿아 절망에 찌든 채
자맥질하는 물오리는
아무 것도 듣지 못하는 귀머거리처럼
무슨 생각을 그리도 골똘히 하는 건가

사랑은

강둑길로 운동하다가
노랗게 피어 있는 나리꽃을 보았다
한껏 예쁘게 피어오른 나리꽃은
이제 막 입을 벌리는 나리꽃에게
너도 어서 피어오르라고 목메이게 말한다
나만이 아니라 너도 같이 살아내자고 말한다

돌멩이들과 잡초더미 사이에서
비의 축축함 속에서
바람의 흔들림 속에서
기쁨과 슬픔을 잉태한 이네들의 모습이
더없는 사랑이다

사랑은 함께 오래도록 머무르는 것이다
사랑은 함께 열렬하게 타오르다가
사랑은 사그라드는 그날도 함께 하는 것이다
사랑은 자연의 미소이다

상처

오래된 상처가 처연하게
아프다 소리쳤다
세월 지나니 뼛속까지 곪아
살점을 뚫고 나온다
누런 색의 왕고름이
먼 길 돌아온 양 지쳐 있다
가슴이 이글댄다 목이 메인다
아프다

이웃

이웃이라는 말은
어찌보면
너무도 다정다감한 말일진대
안타깝게도 이웃이라는 말에
고개를 돌리며 외면하는 사람들이 많아지고 있으니
이웃의 삶이 얼마나 팍팍한 건지
사람이 세상에 태어난다는 것은
이미 누군가의 이웃이 되는 것일진대
안타깝게도 이웃이라는 다정한 말에
보이지 않는 쇠사슬이 칭칭 휘감고 있으니
이것이야 말로
슬픔으로 지고 오르는
골고다의 언덕 같은 것이니
어찌하여
인생의 길을 고단하게 가려하는지
배곯아도 나눠 먹던
우리 선인들의 따스함은 어디에다 두고
어찌하여
인생의 길을 비판하며 가려하는지
아프오
쓸쓸하오
인생은 그게 아니지 않소

방주마을 아침에

맑은 아침이다
나의 긴 한숨이
신선한 공기를 흐리게 하는 것 같아
숨쉬는 게 미안하다

복계산 정상을 바라다보니
쌓이고 또 쌓인
겹겹 산중의 그림 같은 정경이
인간사 세욕을 잊게 한다

정자에 걸터앉아
진한 향기나는 차를 달이니
방주마을 아침이
서럽도록 고웁다

강물 같은 사람이 그립다

바람이 불어
쓸쓸한 바람이 불어
푸른 하늘에 혼돈으로 엉킨 구름이 흩어졌다

구름은
세상과 소통하는 몸짓을 배우고
역행하는 강물을 보듬는 법을 배우고
바람에 떨리는 이파리의 외로움을 배우고
그리하여 침묵하는 것을 배운다

어딘가 숨어 있던 먹장구름이 나타나
한 줄기 왕방울 같은 소나기가 강물 위로 쏟아졌다
시커멓게 멍이든 소나기가 강물 위로 쏟아졌다
혼자 가만히 젖어 들어가는 강물이
까닭 없는 눈물을 흘린다

그 구름 속에 내가 들어 있다
강물 같은 사람이 그립다

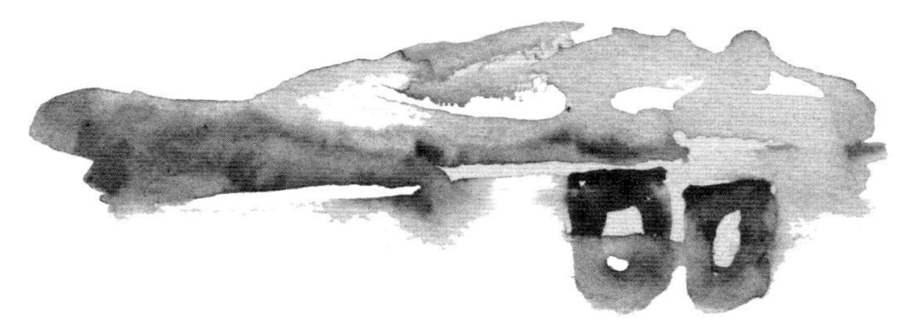

감사함으로

“환란 날에 내가 너를 부르리니”
“환란 날에 내가 너를 부르리니”
예수 안에서 나를 불러주신 하나님
내 생에 최고의 지존이 되시는 하나님
끝없이 작아지는 나의 모습에서
나의 존재 가치를 느끼게 하시는 하나님
나의 내가 될 수 있는 것은
하나님의 은혜임을 고백하나니
끝없이 작아지는 나를 만나실 때
날마다 다시 일어날 수 있는 힘이 생기는 것은
순간순간 하나님의 권세임을 고백하나니
나의 작은 신음에도 귀를 기울이셨던 하나님이여
내 마음밭이 옥토가 될 수 있음이여
나의 알량한 자존심을 버리고
당신의 십자가를 품게 하셨으니
나 이제 하나님의 기뻐하심을 위해 애쓰겠나이다
나 이제 하나님의 뜻대로 살기 위해 애쓰겠나이다
나 이제 하나님의 믿음대로 살기 위해 애쓰겠나이다
환란 날에 당신께서 나를 불러주시니
나를 지으신 당신이 얼마나 감사한 일인지요
얼마나 감사한 일인지요

봄날에

어스렁 다가오는 봄날에
행복의 향기가 온 천지를 뒤흔드는데
나는 왜 바스락 부서지는 마른 낙엽처럼
삶의 몸부림에 떨며 이처럼 살아야 하는가

욕 심

평상시 가까운 지인들과 함께 식사를 한다
보글보글 벌겋게 두부전골 끓는 냄새가
계절을 건너가는 길목 같다

심심찮은 이야기를 하며
오랜 친구처럼 죽이 맞아 식사를 한다

여기저기 색종이처럼 펼쳐진 반찬들을
감칠맛 나게 쩝쩝 혀에다 넣고
어느 노시인의 시 한 편까지 질겅거리며
펄럭이는 입은 쉴 새가 없다

몸뚱이는 둔해져 가고
묵직한 배불뚝으로 자세를 고쳐 잡고도
마지막 숟가락을 입에 넣어야 하는지
그대로 내려놓아야 하는지
욕심으로 호강을 부린다

죽으면 간단하게
흙으로 채워 넣어야 하는데
생의 욕심을 부린다

오래된 등대처럼

오랜 세월에 걸쳐
모진 바다에 인생을 걸어온 사람들에게
바닷가 길동무 되어 주는
그대는

태풍이 불어오는 거센 바다에서
가장 겸손한 자세로
늘 그 자리에서 버팀목이 되어 주는
그대는

바다에서 태어나
바다의 늙은이가 된
검게 그을린 노인에게도
오래된 친구처럼
옛일 생각나게 하는
그대는

아첨도 할 줄 모르고
끓어오르는 욕망도 접어둘 줄 알고
세상만사 일어나는 사건에 덤덤할 줄 아는
타인을 소유하지 않고 그대로 사랑할 줄 아는
고독 속에서 몸부림치지만

고독에서 물러서지 않는
오래된 등대 같은 사람입니다

—바다에서

나의 詩는 외롭지 않습니다

엄동설한
꽃잎 열게 하는 바람에
몸을 맡기어
애무하는 희열이
마음을 흔들더라

하늘과 땅 사이 스치는
구슬픈 바람 한 점에

눈물의 끝자락에 매달리어
세상사에 몸살 앓는 짐 덩어리
사뿐히 내려놓고

천만년 세월을 안은
초연한 하늘이 있어

하룻밤을 족히 묵어 지낼 수 있다하니
동행하는 인생이
외롭지 않더라

가슴이 두 쪽이 나는
굽이진 세월의 상흔이

어쩌다 있다한들
나의 詩는 외롭지 않습니다

이제
나의 詩는 외롭지 않습니다

자연, 그리고 사람

자연의 소리가
톡톡 귀를 간질이는 하늘 아래
정다운 마을 사이사이로
농부의 땀방울로 흐르는
시골의 맑은 개울에서
잃어버린 삶의 두툼한 모습을 발견했다

하늘과 땅의 틈 사이로
세월의 그리움이
칭칭 휘감아 도는 마을에
곡식이 알알이 여물어 가는 정다운 인심은
굴뚝에서 모락모락 연기로 피어 오른다

고즈넉한 연기에 허무를 털고
인생의 눈빛이 물들기 시작하듯이
오랜만에
소박하고 여유로운 웃음을 보았다

묵묵히 천년의 향기를 머금어온
푸른 자연을 만나고
손잡고 오순도순 모여들어
사람은 그 속에 뒹굴며

넉넉한 하늘을 벗으로 삼아
풍년의 꿈을 꾼다

자연, 그 자리 옆에는
늘 사람이 있어야 한다

미로에 서성이다

길을 가야 하는데
나의 갈 길을 가야 하는데
길이 막혀 있습니다

열심히 이 길이다 생각하고 걸어왔는데
길이 막혀 발길이 묶였습니다

푸른 안개가 서성이며
뭉클한 눈물을 흘립니다

이 밤이 이슥하도록
나의 가슴에 박힌 못들을
하나씩 하나씩 뽑았습니다

눅눅한 나의 상처가 아물 때쯤이면
또 다른 길이 보이리라 생각하면서

어린아이가 엄마 손을 놓고서
길을 잃은 것처럼
꿈틀꿈틀
모퉁이 길을 돌아서
더듬더듬 길을 찾고 있습니다

말(言)

저만큼 멀기만 했던 너
싸리울 담장 밖에 돌덩이 같았던 너
내 안에 꼼짝없이 갇혀
세상 밖으로 나오지 못하고
독백처럼 떨고 있다가
말(言), 너를 만난 후
내 인생을 바꾸는
부드러운 카리스마
살가운 빛으로 나의 가슴을
두드리는 너
봄날의 지혜를 들으며
너의 말 한마디에
진달래 빛을 닮은 울음을 울게 하고
너의 말 한마디에
꽃망울 화들짝 터트리는 웃음을 웃게 하는 너

세월

떠나가는 그대의 발걸음을
나는 지긋이 붙들고 싶으니
그대여
떠나가는 그대의 발걸음을
거기 잠시만 멈추고
고달픈 인생사
허리춤에 매어 달고
굽이굽이 비탈길을 이어온
가난한 목숨과
외롭고 막막하게 살아온
허기진 영혼을
살포시 보듬어 주고 가시게나

제비꽃

엄마 아빠를 잃고
덩그러니 험한 세상에 수줍게 피어난 보라꽃
머리카락만큼의 가느다란 뿌리로
고난의 길을 걷는 야생꽃
한참을 바라보니 나에게 눈물을 그렁거리며 말을 한다

작은 어깨에 올라타는
부지런 떠는 왕개미의 발놀림도 무섭고
바람 따라 흔들거리며 지나가는
밤벌레들의 날개도 무섭고
수런수런 떠들며 지나가는 사람들의
운동화 끄는 소리도 무섭다 한다

여린 생명으로 태어나
그것을 지키기 위한 절실한 치유책을
찾아내야 하는데
혼자 받은 우울한 상처를
탈출하기 위한 본질적인 고뇌를
털어내야 하는데
아침에 만난, 가늘게 떨고 있는 어린 생명이 안타까워
잠이 오지 않는다

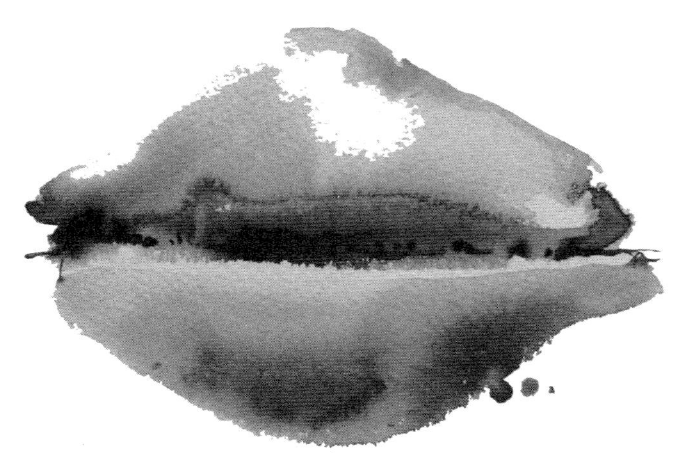

鳳儀山 · 1

-산에 오르다

봉의산에 오르다가
산중턱에 앉아 뒤를 돌아다보니
유유히 흐르는 강물이 굽이굽이 흐르고 있다
산은 머리에 하늘을 이고
강물은 천년의 지혜를 담아
자연이라는 조화로운 詩心을 듬뿍 담고 있으니
어디, 이보다 더한 한 폭의 그림이 또 어디 있으랴
어디, 이보다 더한 인생의 가르침이 또 어디 있으랴

빈손으로 태어난 몸
빈손으로 돌아가야 하나니
욕심을 버리라 한다
서두르지 말라 한다
분노하지 말라 한다
내 손에 꼭 쥐고 있는 것을
한 번쯤 내려놓으라 한다
산이
강물이
자연에 순응하며 살라 하면서
가혹한 일침을 내게 던지고 있으니
내 삶의 한 올 한 올을
봉의산 끝자락 나뭇가지에 걸쳐 놓으니
이 또한 기쁨일 수밖에
이 또한 기쁨일 수밖에

鳳儀山 · 2
–고독한 절규

숲길에 갇힌다
인생의 수레바퀴 속에서 뒹굴다가
오랜 상처의 흔적들이
고단한 걸음을 옮길 때마다
삐걱이며 불규칙적으로 튀어 오른다
묶여 있던 나의 고독한 아픔들이
어두운 걸음을 옮길 때마다
부추기듯이 하나씩 하나씩 뻗쳐 오른다
머지않아 정상에 닿을 것이다
발그스레 숨이 턱 끝에 차오른다
뚜벅뚜벅 고독한 발걸음에 맞추어
울음이 헤픈 매미가 제 생애를 걸고
나와 함께 울고 있다
하늘 향한 봉의산에 오르다가
고독한 절규의 혼잣말을 한다
다시 한 번, 인생은 아름다운 것이라고
그래서 인생은 껄껄껄 웃어볼 만한 것이라고

황금빛 햇살 한 줄기가
소나무 숲 사이로 가늘게 비추고 있다

鳳議山 · 3

봉의산 산자락마다
자연의 속삭임을 닮은
푸르름의 선물이 여기 있으니

인생사 고된 짐을 지고
발길 닿는 곳마다
하염없는 세월이여

마음의 근심과 고됨을 거두고
부디, 아득한 평화여

인적없이 외롭게 놀다가는
산새의 묵묵한 발자국마다

훠이 지나는 세월이
무상하구나

鳳儀山 · 4

봉황의 날개에 몸을 맡긴 채
소양강 물줄기에 담뿍 젖은 사랑아

수상한 달빛이 희미하게 내려앉은 저녁
일찌감치 산에 오른 초저녁 별들과
세상사의 흩어진 정든 이야기와
별들의 아픈 이야기를 수런수런 모으니
땅기운이 점점 가시는 소양정의 풍경이라

묵은 된장 끓이는 산사의 굴뚝 사이로
거짓말처럼 옛사랑의 얼굴이 문득 나타나고
도도한 강물 위로 꿈을 꾸는 사랑아

날은 어두워지고
사람의 손이
그립다
그대여
몇 줌의 별 부스러기라도 살짝 떨어뜨리고 가시구려

鳳儀山 · 5
—비오는 날

비오는 날이다. 꼬불꼬불 산길을 따라 어둠이 내려왔다.
길가에 알전구 가로등 불빛들이 시려운 빛을 달고, 오래된 습관처럼 고단한 하루를 밝히기 시작했다. 봄이라 하는 빗줄기가 때묻은 나무들의 연둣빛 새순들을 애무하듯이 스친다.
마치 남자들이 여자들의 젖가슴을 살짝 스쳐 지나듯이

어둠에 비친 나무의 얼굴이 핼쑥하다. 봄날 내내, 여지없이
꽃을 피우느라 단단히 긴장이라도 했던 탓이리라. 한들거리며
내리는 봄비에 마지막 봄꽃의 꽃잎을 내려놓고, 다시 그리움을 가슴에 안고 꼬박 일년이라는 세월을 기다린다.

나무는 묻지 않는다. 산에 있던 어둠이 빗줄기를 몰고 제일 먼저 마을로 내려와 완강하게 붙어 있는 마지막 분신의 꽃잎을 떨어뜨리는 이유를 묻지 않는다. 더 이상 묻지 않는다.

어둠 속에 묻힌 강가, 검은 도시의 거리가
고개를 들기 시작한다.
생각이 깊은 소양강 물이 어둠 따라 흐른다. 봉황의 날개를 활짝 펼치고 있는 봉의산의 위품을 품에 안고
그만 쉬어가라 한다. 주저 없이 쉬어가라 한다.

수많은 사람들이 오르내리는 산, 산은 인간사 속 터지는 마음의

빗장을 얼마나 많은 시간과 세월로 인내하며 받아왔던가! 거듭 거듭, 부정적으로 심장을 후벼파는 아슬아슬한 사람들의 증폭되는 거만함을 어찌 다 혼자만의 향기로 받아낼 수 있었던가!

비가 와서 꽃이 진 자리에도 어둠이 내렸다.
이 비가 끝날 즈음이면 어둠도 다시 제자리로 돌아가리라.
내일이면 나는 또다시 단숨에 산에 올라 악을 지르고,
울며 웃으며 고스란히 시처럼 살아가리라.

아버지

그때의 그 시절엔
당신의 그 자리가 왜 그리도 크셨던가요

세상에 눈을 뜨지 못했던 어린 시절
구릿빛 웃음으로 도란도란 마주앉던 날에
하나의 방법을 가르치시곤
열을 알아내기를 원하셨던
당신의 모습이 왜 그리도 원망스럽던지요

잊혀지지 않을 것만 같던
숙명이라 생각하며 살아온 날들과
당신을 이해할 수 없었던 지난 세월
당신께선 나의 가슴에
커다란 바위를 묻어 주었다 생각했습니다

수많은 사연들도 이젠 세월에 묻혀 가고
하얀 베갯잇만 눈물로 적셔집니다

그리도 원망스럽던 당신이
나의 기억 속에서
파르스름하게 녹이 슬어 잊혀져 가는데
물끄러미
나를 바라다보시던 당신의 모습이 생각납니다

그때는
아직은 세상에 눈을 뜨지 못한 나의 어린 눈이
어찌 당신의 눈망울을 헤아릴 수 있었겠습니까

하지만 그것은
제 스스로 고뇌의 딱딱한 껍질을 깨고
세상에 그만큼의 고개를 내밀게 하는
원동력이 되어 주셨습니다

아버지!
다시금 당신을 진정 따스하게 불러보겠습니다
오십 줄이 넘어선 지금에서야
내 가슴의 아픔을 다시 그리움으로 피우겠습니다
그리고
세월로 감긴 가을산을 넘어야 하겠습니다

어머니 · 1

참으로 나지막한 음성으로 어머니, 당신을 불러봅니다.
억만 년, 굽이굽이 흘러온 강물의 세월이
어머니, 당신의 세월 같아서
하늘에 기도하는 마음으로 당신의 이름을 불러봅니다.
세상에 그 어느 아들이
어머니라는 이름 앞에 큰소리칠 수 있으리요마는
당신의 아들 향한 가슴 시린 사랑을 어이하리요.

그때는
제가 국민학교 다니던 시절이었습니다.
스산한 바람이 뒤엉켜 부는 날이었지요.
당신은 소금기에 절은 심장이 갈기갈기 찢겨진 채
대문 밖에서 아들을 보내야만 했던
어머니의 피멍든 눈물을 지금도 또렷이 기억합니다.

그날 이후,
당신을 향한 비릿한 그리움으로
꿈에서조차 문밖에서 서성이는 당신의 모습이 보이는 것만 같아
무심한 밤을 꼬박 새우던 날이 하도 많았습니다.
그때의 눈물은 왜 그리도 뜨겁던지요.
왜 그리도 뜨겁던지요.

제가 학업을 마친 후,
직장을 잡은 후에 어머니를 다시 만나던 날,
당신의 고된 숨소리마저 먹먹하게 들려왔습니다.
오로지 아들을 위한 그리움의 진한 향기가
나의 깊은 폐부를 진동시켰습니다.

흐르는 강물에 하얗게 피어오른 물안개를 보니
당신께서 세월을 몰아 내쉬는 한숨인 것만 같아
마음이 짠해 옵니다.

당신께서는 목구멍으로 넘어오는 울음을 꿀꺽 삼키시던 적이
어디 헤아릴 수나 있었겠습니까.

곰곰 생각해 보니
당신의 세월은 무너져 구르는
돌무더기 한 무더기로 부족하겠지요.

이제는 백발이 성성하신 어머니
나의 가슴 아리게 하는 어머니

아! 그래도 저는 행복한 사람이었습니다.
당신께서 나의 등뒤에서 눈물로 기도하셨던 큰힘으로

아늑한 울타리가 되어 이렇게 오십년을 살아왔습니다.

어머니!
힘겨운 어제의 일들은 모두 제가 가져가겠습니다.
세상의 그 어떤 어머니보다도
더욱 고우시고 맑으신 모습의 어머니,
나의 어머니!
이제는
아들이 드리는 용돈마저 꼬겨서 차곡차곡 모아두지 마시고
당신께서 드시고 싶은 것을 맘껏 드시어요.
당신께서 쓰시고 싶은 것을 맘껏 쓰시어요.
당신께선 아들이 인정하는 최고의 어머니이니까요.
내 어머니이니까요.

어머니 · 2

어머니
당신의 숨소리가
아!
온통 눈물이 되는 것만 같습니다

어머니
당신께서 흘리시는 고운 눈물이
아!
온통 강물이 되는 것만 같습니다

먼 길 돌아
저무는 노을길에
아스라이 서 계시는 어머니의 모습이
하도 서럽디 서러워
나의 눈시울이 노을처럼 붉어집니다

언제나 진실만을 가르치시던 어머니
언제나 정의만을 가르치시던 어머니
언제나 '내 탓이오'를 가르치시던 어머니

수북하게 쌓여 있는
당신의 가슴팍 잿더미 속에는

내 생의 한 무더기가 뻔뻔하게 자리하고 있습니다

어머니
당신의 숨소리가
아!
온통 눈물입니다

어머니
당신께서 흘리시는 고운 눈물이
아!
온통 강물입니다

에필로그

한 편의 글을 읽다보면 글쓴이의 체취가 그대로 느껴진다. 그 속에는 글쓴이의 삶과 품성이 녹아 있는 경우가 허다하기 때문이다. 그래서 글은 글쓴이의 영혼이며 얼굴이라고 말하지 않던가?

어떻게 살 것인가?
바라건대, 이제는 욕심과 세상사 집착에서 벗어난 지혜를 찾는 삶이고자 한다.

에필로그

누군가 물었다. 어떻게 살고 있느냐고 말이다. 대답은 너무도 뻔하다는 것을 알면서도 우리는 그저 흔한 질문과 건성으로 흐르는 답을 하며 산다.

그렇다. 어떻게 살고 있는 것인가? 어떻게 살 것인가?

하루 세 끼의 당연한 식사와 살짝 곁들이는 커피, 혹은 녹차의 마음 녹임, 그러고도 늘 어제와 같은 일상이 반복되는 삶의 연속일 뿐이다. 문득 생각하니 지나온 날들이 순간의 꿈인 것만 같다.

눈 한번 깜빡 감았다 뜬 것만 같은데 벌써 오십 년이라는 세월이 단단한 벽 틈새를 비집고 들어와 있다. 그동안 나는 어떻게 살아온 것인가? 모래알만큼이나 많은 세상의 고뇌를 달고, 하늘과 땅 사이의 허공에서 발버둥치며 살아온 세월이 아니었던가!

무엇을 위해서, 누구를 위해서 마라톤을 하듯 쉬지 않고 달려왔던가? 학벌이라는 허울 좋은 그림을 위해, 천만년 쌓아 두지도 못하는 재물을 위해, 생사의 자존심을 위한 집착과 그 잘난 명예를 위해, 이제 돌이켜 생각을 하니 부귀도 영웅호걸도 모두 다 황천의 나그네 신세일 뿐이지 않은가?

한 편의 글을 읽다보면 글쓴이의 체취가 그대로 느껴진다. 그 속에는 글쓴이의 삶과 품성이 녹아 있는 경우가 허다하기 때문이다. 그래서 글은 글쓴이의 영혼이며 얼굴이라고 말하지 않던가?

때로는 글을 쓰는 사람이라면, 혹은 그림을 그리는 사람이라면

뭔가 달리 보이고 싶어 기인적인 외모나 남들이 인정할 수 없는 괴팍한 성격으로 외부인에게 스스로를 비치게 하려는 경향이 있다. 그뿐인가. 겉으로는 온정의 눈빛으로 따스한 시선을 보내면서 속은 사욕의 눈빛으로 세상의 기회만을 염탐하는 세상 사람들과 다를 바 없는 예술인도 있다는 사실을 의심하지 않을 수 없다.

남들이 뭐라 한들 자신의 글을 쓰고, 자신의 철학에 따라 그림을 그리는 예술인이 되어 함께 사는 이웃에게 감동과 웃음을 주는, 소통하는 화합의 자연인이 될 수는 없는 것인가? 이제 나는 앞서부터 끊임없이 해왔던 고민을 다시 한 번 떠올려 본다.

어떻게 살 것인가?

바라건대, 이제는 욕심과 세상사 집착에서 벗어난 지혜를 찾는 삶이고자 한다. 세상 것의 모든 것은 풀잎의 이슬이요, 바람 속의 등불이라 했거늘 어찌 그것들을 위한 처절한 몸부림을 향해 또 다시 돌아갈 수 있단 말인가.

지혜를 얻어 그 안에서 빛을 얻으면 그것을 해탈이라 한다 했던가! 비록 해탈의 경지는 아닐지언정 참으로 벗어날 것에서 벗어나는 용기와 마음씀을 가지며 살아가야 하겠다는 다짐을 하며 내 책의 원고를 뒤적여 본다. 나의 글은 내가 머금은 용기와 다짐을 얼마나 진정성 있게 드러내고 있는가?

글이란 것이 참으로 무서운 것이라서 어떤 생각을 글로써 전달할 때, 마음만 먹으면 얼마든지 고매한 인격의 가면으로 추한 말과 행위로 더럽혀진 얼굴을 감출 수 있다. 고뇌하지 않고도 고뇌하는 글을 쓸 수 있으며 깊이 없이 얕을지라도 그 수심을 숨길 수 있는 것이다.

진정한 예술인으로서 글쓴이는 자신이 쓴 글 안에 겉과 속이 일치하는, 깨어 있는 의식을 담아야 한다. 이런 의식조차 없이 습관적인 겉치레를 공공연하게 하고도 부끄러움을 모르는 처사가 어찌 글쓴이의 자세이며, 어찌 그런 사람을 예술인이라 말할 수 있으랴.

내가 살아 숨 쉬는 동안은 여백에 그려지는 삶의 진실이 되어 마른 가슴을 촉촉이 적셔줄 것이라는 확신이 들었고, 그 확신은 책을 출판하기로 결심하는 계기가 되었다.

나의 책이 누군가에게 팔려지길 원하는 것도 아니요, 내가 문인이고자 이름 받고 싶은 것도 아니요, 다만 나의 글이 내가 사랑하는 사람들이 맘속을 파고들어, 어두운 밤하늘에 점점이 박히는 아름다운 별빛처럼 그들의 슬픔과 기쁨과 그리움의 세월을 봄눈처럼 녹일 수 있기를 간절히 기도하는 마음뿐이다.

신앙인으로서의 나의 색깔이 어떻게 변색되었는지는 모르나 신앙인의 믿음은 순수함에 젖어 그 가치를 드러내는 듯하다. 옛날 아이잭 뉴턴은 프리즘을 통해 빛을 보았다. 그래서 빨, 주, 노, 초, 파, 남, 보, 일곱 색의 빛을 볼 수 있게 되었다.

뉴튼이 프리즘으로 빛을 보지 않았다면 우리는 지금도 빛의 색은 하나라고만 알고 있었을지 모른다. 또한 일곱 색깔 무지개의 아름다운 빛을 상상하지 못했을 것이다. 그렇듯이 신앙인의 색깔도 여러 가지일 것이다.

하나님께서는 지금 이 시간에도 프리즘을 통하여 우리들의 민음의 잣대를 보시지 않을까? 빨간색을 가진 자의 믿음이 보라색을 가진 자의 믿음보다 작다고, 노란색을 가진 자의 믿음이 파란색을 가진 자의 믿음보다 크다고 이 세상의 그 누군들 감히 말을 할 수가 있겠는가.

우리 시대 믿음의 기준은 과연 무엇일까?

주일마다 빠지지 않고 이름을 등록한 교회에 참석하는 목사님이나 권사님, 집사님들의 자랑스러운 출석과 예배시간에 드리는 헌금의 액수가 많은 성도의 손이 과연 신실하고 뿌리 깊은 믿음의 분량을 가졌다고 볼 수 있을까?

가난한 자의 엽전 한 냥을 기쁨으로 받으신 하나님이시지 않았던가 말이다. 왜 하나님께서는 곡식을 모아 드린 카인의 예배를 받지 않으시고, 양을 잡아 피를 흘리는 아벨의 제사를 받으셨던 것일까? 수십 번의 교회에 출석하는 자의 카인 같은 껍데기 마음보다 일년에 단 몇 번의 예배라 할지라도 마음을 다하고 낮은 자세로 임하며 땀방울이 핏방울 같이 흐르는 간절한 자가 간절히 드리는 기도와 예배를 하나님께서는 아벨의 제사로 여기시지 않을까?

"너희 중에 죄 없는 자가 간음한 여인을 돌로 쳐라."

그 누가 여인에게 돌을 던질 수 있었겠는가. 자신의 눈에 들보가 있음에도 상대의 티를 비난하는 행동을 하지 않았을까 조심스럽게 되돌아본다.

교회 안에서 거룩한 성도라 하는 교인들은 자신들의 잣대를 기둥삼아 큐브를 만들고 믿음의 분량을 그 안에서 판단하는 일이 허다하게 많다는 사실이 안타깝다. 믿음의 뿌리가 견고한 사람이 누구 누구라고 과연 어느 사람이 판단할 수 있을까.

사람의 모습이 각기 다르듯이, 사람의 개성 또한 저마다 다르듯이, 믿음의 분량도 서로 다르지 않겠는가? 성경에서 빌립이 하나님의 모습을 만나기 바랐을 때 하나님께서는 네가 바로 하나님의 모습이라 하시지 않았던가. 자신의 모습과 행위에서 믿음의 분량이 나오는 것이리라.

믿음의 분량까지도 하나님의 은사인 것인즉, 이런 모습들이 모여진다면 아름다운 신앙의 무지개가 어우러지는 것이다. 담장 너머로 뻗은 푸른 나뭇가지에 주렁주렁 복음의 열매들이 함께 매달려 있을 때, 그 나무는 하나님이 보시기에 얼마나 흡족하실까.

성전을 크게 지어 놓고 예배를 드리는 곳에서 하나님께서는 눈물을 흘리셨다. 교회에서 진정한 기도가 사라지고 있었기 때문이다. 교회가 신앙의 프리즘을 통한 기도의 향기로 봄꽃 활짝 피어나는 사랑 넘치는 곳이 되기를 바라본다. 모든 기도의 제목이, 믿음의 분량이 그리스도 예수의 이름이 되기를 기도한다. 그리고 그 안에 속한 믿음의 자녀들 가운데, 비록 얼마만큼 변색되었을지라도 나 또한 몸 한 귀퉁이를 의지하고 있기를 바란다.

신앙인으로서도, 글쓴이로서도 한평생을 아름답게 살다 가기가 이토록 어려운데 저기 저 산, 하늘 아래 구름 머무는 곳에서 또 한 번의 깊은 포옹으로 내 사랑하는 이들과 함께 어깨 맞대며 살아가는 게 진정한 인생의 멋이 아닐까? 나는 나의 이웃들과 함께 어우러지는 아름다운 가슴을 위해서도 기도한다.

진정한 아름다움이란 것은 정열적으로 활활 타오르는 불꽃이 아니라 눈부신 햇살 받고 화들짝 피어오른 꽃들의 찬란함이 아닐까 한다. 겨우내 강렬한 추위와 폭설의 매서운 한기가 매화 나뭇가지를 단련시킨 후에야 고혹한 향기를 품은 매화 꽃망울을 화려하지 않게 열게 하듯이 나의 삶 또한 고된 인생의 반백년을 접고 이제 한 줌 흙이 될 때를 기다리고 있다.

흐르는 세월의 강물에 고스란히 젖은 채 시집과 소설을 마무리 지으며 책의 제목같이 시와 고독을 달고 떠나는 여행처럼 앞으로도 아름다운 글을 지어내는 작가의 길을 가고자 한다.

마지막으로 많이 부족한 나의 책을 관심 있게 읽어주신 분들께 감사드립니다.

초판 1쇄 인쇄 | 2013년 2월 20일
초판 1쇄 발행 | 2013년 2월 25일

지은이 | 김 의 천
발행인 | 윤 영 희
주　간 | 이 은 별

발행처 | 도서출판 동행
출판등록 | 제2-4991호
주　소 | 서울시 중구 을지로 3가 302-18 난빌딩 303호
전　화 | 02-338-2734, 2285-0711
팩　스 | 02-338-2722

정가 15,000원

ISBN 978-89-94227-67-2 03810